时代印记

王志艳◎编著

达尔文

延边大学出版社

图书在版编目（CIP）数据

寻找达尔文 / 王志艳编著 . —延吉：延边大学出
版社，2013.8（2020.7 重印）
ISBN 978-7-5634-5889-9

Ⅰ.①寻… Ⅱ.①王… Ⅲ.①达尔文，
C.（1809 ～ 1882）—传记—青年读物②达尔文，
C.（1809 ～ 1882）—传记—少年读物 Ⅳ.
① K835.616.15-49

中国版本图书馆 CIP 数据核字 (2013) 第 210010 号

寻找达尔文

编著：王志艳
责任编辑：孙淑芹
封面设计：映像视觉
出版发行：延边大学出版社
社址：吉林省延吉市公园路 977 号 邮编：133002
电话：0433-2732435 传真：0433-2732434
网址：http://www.ydcbs.com
印刷：唐山新苑印务有限公司
开本：690×960 1/16
印张：11 印张
字数：100 千字
版次：2013 年 8 月第 1 版
印次：2020 年 7 月第 3 次印刷
书号：ISBN 978-7-5634-5889-9
定价：29.80 元

前言

　　历史发展的每一个时代，都会有对后世产生巨大影响的人物，都会有推动我们前进的力量。这些曾经创造历史、影响时代的英雄，或以其深邃的思想推动了世界文明的进步，或以其叱咤风云的政治生涯影响了历史的进程，或以其在自然科学领域中的巨大成就为人类造福……

　　总之，他们在每个时代都留下了深深的印记，烙上了特定的记号。因为他们，历史的车轮才会不断前进；因为他们，每个时代的内容才会更加精彩。他们，已经成为历史长河的风向标，成为一个时代的闪光点，引领着我们后人走向更加深邃的精神世界和更加精彩的物质世界。

　　今天，当我们站在一个新的纪元回眸过去的时候，我们不能不提起他们的名字，因为是他们改变了我们的世界，改变了人类历史的发展格局。了解他们的生平、经历、思想、智慧，以及他们的人格魅力，也必然会对我们的人生产生深刻的影响。

　　为了能了解并铭记这些为人类历史发展做出过巨大贡献的人物，经过长时间的遴选，我们精选出一些最具影响力、最能代表时代发展与进步的人物，编成这套《时代印记》系列丛书，其宗旨是：期望通过这套青少年乐于、易于接受的传记形式的丛书，对青少年读者的成长产生潜移默化的影响，使他们能够从中吸取到有益的精神元素，立志奋进，为祖国、为人类作出自己的贡献。

前言

  本套丛书写作角度新颖，它不是简单地堆砌有关名人的材料，而是精选了他们一生当中最富有代表性的事迹与思想贡献，以点带面，折射出他们充满传奇的人生经历和各具特点的鲜明个性，从而帮助我们更加透彻地了解每一位人物的人生经历及当时的历史背景，丰富我们的生活阅历与知识。

  通过阅读这套丛书，我们可以结识到许多伟大的人物。与这些伟人"交往"，也会进一步提高我们的思想品格与道德修养，并以这些伟人的典范品行来衡量自己的行为，激励自己不断去追求更加理想的目标。

  此外，书中还穿插了许多与这些著名人物相关的小知识、小故事等。这些内容语言简练，趣味性强，既能活跃版面，又能开阔青少年的阅读视野，同时还可作为青少年读者学习中的课外积累和写作素材。

  我们相信，阅读本套丛书后，青少年朋友们一定可以更加真切、透彻地了解这些伟大人物在每个时代所留下的深刻印记，并从中汲取丰富的人生经验，立志成才。

导 言

Introduction

查理·罗伯特·达尔文（1809—1882），英国著名博物学家，进化论的奠基者，被誉为"进化论的始祖"。他以渊博的知识、敏锐的眼光发现并提出了生物界的进化规律，打破了宗教神学关于生物起源的荒谬观点，开拓了人类的视野；他提出的"进化论"观点对近代生物科学产生了巨大而深远的影响，被恩格斯列为19世纪自然科学的三大发现之一。

1809年2月12日，达尔文出生在英国的什鲁斯伯里小镇。父亲是当地的名医，希望达尔文长大后能够继承父业，因此16岁时被父亲送到爱丁堡大学学医。

达尔文自幼对大自然充满热爱，喜欢打猎、采集动植物标本，对学医并没兴趣。父亲无奈之下，又将他送到剑桥大学学习神学，希望他将来能成为一名牧师。达尔文仍然无心听取神学教导，将大量的时间花在听取自然科学讲座和进行科学实验方面。

1831年，达尔文大学毕业，经人推荐参加了英国政府组织的环球航行，开始了5年漫长而艰辛的科学考察活动，在动植物和地质方面进行了大量的观察和采集。回国后经过对所搜集资料的分析和思考，达尔文逐渐形成了生物进化的概念。

1859年，经过20多年的研究整理，达尔文出版了震动当时学术界的《物种起源》。该书运用大量的材料，证明形形色色的生物并非上帝创造的，而是在遗传、变异、生存斗争和自然选择中，由简单到复杂、由低等到高等不断发展变化的，第一次系统地提出了生物进化学说，摧毁了各种唯心的神造论和物种不变论。

　　此后，达尔文又出版了《动物和植物在家养下的变异》《人类的起源》等多部著作，以不可争辩的事实和严谨的科学论断，进一步阐述了他的进化论观点，提出物种的变异与遗传、生物的生存斗争和自然选择等重要论点。

　　晚年的达尔文尽管体弱多病，但依然以惊人的毅力，坚持进行各种科学研究和写作，表现出了一个伟大科学家坚持真理、不断求索的崇高精神。

　　1882年4月19日，达尔文病逝于他生活了40多年的唐恩庄园，人们将他的遗体安葬在牛顿的墓地旁，以表达对这位伟大科学家的敬仰与怀念。

　　本书从达尔文的儿时生活开始写起，一直写到他所经历的不凡旅行以及取得的伟大成就，再现了达尔文具有传奇色彩的一生，旨在让广大青少年朋友了解这位世界著名的生物学家、博物学家不平凡的人生历程，学习他那种对科学真理坚持不懈、对困难挫折毫不畏惧的坚毅品格。

目 录
contents

时代印记　目录

1

目 录

第一章　快乐的孩童时代

乐观是希望的明灯，它指引着你从危险的峡谷中步向坦途，使你得到新的生命新的希望，支持着你的理想永不泯灭。

——达尔文

（一）

在距离英国伦敦220千米、距离西岸约100千米的地方，有一座英国的古城什鲁斯伯里。弯弯曲曲的塞文河在这里转了个急弯，将一个由小山组成的半岛围了起来。

这个城市很早就在这个河湾中发展起来，城里的街道逐渐向小山的顶端发展。赛文河的大桥将什鲁斯伯里与城的四郊连接起来。从市里向西北方向走，通过威尔士大桥，沿着塞文河岸走500米，在弗兰克尔区就能看到什鲁斯伯里的近郊以及坐落在赛文河岸的悬崖峭壁之上的一座三层红砖瓦房。

这座楼房是伟大的博物学家查理·达尔文的父亲罗伯特·瓦尔宁·达尔文医生在1800年建成的。楼房的旁边是一个花园，花园里种着各种供观赏的植物和果树。有一条小路穿过峭壁，这条名叫"医生

1

路"的旁边长着一棵栗子树，树枝相互平行地弯曲着。

查理·达尔文的祖父伊拉兹马斯·达尔文生活在英国工业革命初期。他依靠着自己的创造性劳动成为那个时期很有成就的人。他出生在一个律师家庭，曾就读于爱丁堡大学和剑桥大学，但他的学问主要都是靠自学学来的。

伊拉兹马斯想象力十分丰富，善于思考、推理和归纳，并勇于实践，这令他成为英国工业革命初期有名的思想进步、博学多识的科学家、发明家、哲学家、医生和诗人。

伊拉兹马斯在大学毕业以后就以医生为主业，通过自己的努力，他很快就成为全国医学界的权威。他曾几次拒绝成为英国国王乔治三世的御医，是一个热爱科学、自由，不贪图权势和名利的人。在多年的临床实践基础之上，他努力研究各种医学理论，写出了两大卷医学专著《生命学》（又被译为《生理学》），第一次比较系统地提出了一系列治疗精神疾病的重要理论和方法，被誉为"有史以来最具有独创性的作品"。在这本著作中，伊拉兹马斯认为，每个有机体中都有内在的力量促使生物演化为更高级的形式。

另外，他还写了《植物学》一书，共600多页，对各种植物的特性和所需的养料，对应用生物学方法控制病虫害，对利用污水进行灌溉和建立自流井等，都作了详细的论述。无疑，这对他的孙子查理·达尔文产生了不可估量的影响。

同时，伊拉兹马斯还对当时各种流行的机器有着精深的研究，如对发动机、水平风车、汽轮机、新式钻机、水泵、自动抽水马桶等机械的设计和改造等，都曾作出过比较突出的贡献。

另外，伊拉兹马斯在气象学方面也有着独到的见解。他最早说明了云和冷热气流的组成，并正确地预测了大气层外部的成分。

伊拉兹马斯还是当时著名的社会活动学家，与当时英国著名机械制造专家博尔顿一起创立了伯明翰太阳学会，其成员包括很多当时英国著名的科学家、文学家和社会活动家。法国著名作家卢梭在流亡英国期间，就和伊拉兹马斯建立了深厚的友谊。

达尔文的父亲罗伯特·达尔文也是一位医生，他身材魁梧，身高体胖。中学毕业后，他进入莱丁大学专攻医科，经名医巴拉岱指导，在1785年获得医学博士学位。

大学毕业后，他的父亲伊拉兹马斯将他带到什鲁斯伯里，然后给了他20英镑的生活费，让他独立谋生。经过自己的刻苦努力，罗伯特·达尔文很快就成为当地一名颇有声望的医生。

罗伯特·达尔文是个很有人格魅力的人，他对人的关心，他那博得众人信赖的本领以及他那高度敏锐的观察力——这一切对他的成功都起到了促进作用。在什鲁斯伯里刚刚行医半年，他就医治了四五十个病人。这样，他一开始行医就能够完全靠自己的收入为生，而不再需要父亲的资助。很快，他就博得了人们的信任，很多病人往往不只是向他倾诉自己的健康状况，还将自己的各种忧虑和不幸告诉他，把他当成自己的知己和朋友。

（二）

1796年，罗伯特·达尔文医生与童年时代的女友苏珊娜结婚。从1803年到1810年，苏珊娜为丈夫生下了6个孩子。频繁的生产极大地影响了她的健康，因为她的身体一向单薄，劳累又导致贫血。

达尔文出生之前，正值非常激烈的英法战争期间，英国在军事、政治和经济等方面都陷入困境，食物奇缺，粮价飞涨。苏珊娜在怀达尔文的十个月中，想吃点营养品都不可能，这也让她原本就不太好的身体更差了。在生产时，又恰逢难产，这让罗伯特医生心如刀绞。他暗下决心，如果出现险情，孩子和母亲只能保留一个的话，他就只能放弃孩子。

幸好在有经验的产科大夫的帮助下，经过5个多小时的痛苦煎熬，苏珊娜生下了她的第五个孩子。

1809年2月12日，一声嘹亮的男婴哭声从什鲁斯伯里近郊的红砖房里传了出来。没多久，这里的人们便纷纷知道了一件事，在尊敬的罗伯特·达尔文医生家中又出生了一个孩子。这个孩子就是日后享誉世界的自然博物学家查理·达尔文。

在查理·达尔文出生之前，苏珊娜还生了三个女孩玛丽安妮、卡洛琳、苏珊和一个男孩伊拉兹马斯。达尔文出生后，父亲罗伯特·达尔文觉得他既像自己，又像自己的哥哥查理·达尔文，因此就给这个可爱的儿子取名为查理·罗伯特·达尔文，希望小达尔文能够继承哥哥和他的事业，将来成为一个有出息的人。

罗伯特的哥哥查理也是一名医生，很有才华，曾因在医学上有突出贡献而获得医师协会颁发的第一枚金质奖章。可惜的是，他只活了20岁就去世了。

在查理·达尔文的记忆中，母亲身体瘦弱，而且十分操劳，每天都要不辞劳苦地为孩子们缝缝补补。在家中的生活逐渐步入正轨后，父亲罗伯特又在房子的两侧加修了候诊室和花房等房子，这让母亲的家务负担更重了。她不仅要照顾丈夫和孩子们，还要经常打扫这里的卫生，帮助丈夫为病人诊治疾病。

有人说，达尔文对大自然的爱好是与生俱来的。事实上，是良好的早期家庭教育才让他的思想得以启蒙。

达尔文刚刚4岁时，母亲苏珊娜就教他识字、唱歌。平时只要有时间，父亲罗伯特还会在花房里嫁接果树，这样在收获的季节就有水果可以享用了。小达尔文常常在父亲旁边看着他，有时也会帮忙收拾东西。

母亲喜欢培养花卉，在身体允许的情况下，她会到花园中整理植物，并给达尔文看各种各样的植物，还给他讲一些关于植物的故事，教他如何辨别各种植物。每当达尔文看到母亲的一举一动，都会好奇地问：

"为什么要给植物培土呢？"

母亲告诉他，因为泥土是植物生长的基础。只要有了生长的基础，植物就能够成长起来。

虽然母亲苏珊娜很能干，可她的身体却大不如前，加上在达尔文出生的第二年她又生下一个女儿凯瑟琳，这使她的身体状况更加糟糕，不久就卧病不起了。

当母亲的健康状况不佳时，照顾达尔文的责任就落在二姐卡洛琳的身上。卡洛琳很聪明，可她认为达尔文是家里最淘气的孩子，总是将家中发生的一切鬼把戏都算在小达尔文的头上。小达尔文自然不服气，他根本不服从卡洛琳的管教。无奈之下，母亲也只能抱病对小达尔文进行一些力所能及的启蒙教育，如唱歌、认字、讲故事等。

当母亲的身体稍微好转些时，在天气晴朗的日子，她还会带着达尔文和妹妹凯瑟琳到花园里玩耍。孩子们在花园里跑跳、捉蝴蝶，苏珊娜就拿着花铲给树苗培培土。

看到母亲铲起一铲乌黑的泥土，放在鼻子底下闻一闻时，达尔文总是会欢天喜地地跑过来，嚷着也要闻一闻泥土的味道。

（三）

从1816年起，母亲苏珊娜卧病在床的日子越来越多了。家中的事务除了父亲之外，主要是大姐和二姐操劳。但由于年龄的原因，达尔文与姐姐们玩不到一起。自从有了妹妹凯瑟琳后，达尔文才有了新的玩伴。

看着孩子们开心的笑容，苏珊娜的心里多少得到些慰藉。然而，孩子们可能没有意识到，母亲脸上的血色越来越少，父亲待在母亲身边看护的日子也变得越来越多。

母亲病重的日子，不能陪伴达尔文和妹妹凯瑟琳时，外面的世界就成了两个小家伙的乐园。对达尔文来说，野外生活永远是有趣而迷人的。在花园外面小路边的那棵栗树，是达尔文最喜爱的一棵树，因为在这棵树的上面有着他和妹妹凯瑟琳的"座位"。爬树对小达尔文来说简直是小菜一碟，他经常爬到树上去捉知了、摸鸟蛋。不过，他这样做并不像其他孩子那样，出于顽皮，他更热衷于收藏。

比如，一般淘气的孩子在掏鸟蛋时会把鸟蛋掏个精光，甚至将鸟窝直接从树上拽下来。达尔文却不这样，他只拿一个，从不多拿，其余的就让它们继续在鸟窝中。

在搜集昆虫时，达尔文也与其他孩子不同。他认为，为了采集标本而杀死昆虫是很残忍的事，他不愿意看到那些小虫子受苦。因此，他通常只是收集小虫子的尸体。

达尔文热爱各种小动物的生命，从来不践踏和虐待它们。有一次，他一个人在花园玩，一只小狗朝他跑了过来。他以为小狗要咬他，情急之下，朝着小狗的屁股狠狠地踹了一脚，结果小狗疼得大叫着跑开了。

这本来是一件很普通的小事，可小达尔文的心里却难受了好久。直到晚年，达尔文还在为这件事感到内疚。

除了会爬树之外，达尔文还会游水钓鱼。什鲁斯伯里的周围有不少池塘和小河，达尔文经常带着鱼竿、水桶去那里摸鱼、摸虾，并常常拎着鱼竿连续几个小时坐在塘边或河边。其他孩子都用活蚯蚓作为鱼饵，因为摇摆的蚯蚓能将鱼儿引上钩，达尔文不忍心将一条条活生生的蚯蚓挂在鱼钩上。他一般都去找死了的蚯蚓，但死了的昆虫要比活的难找。实在找不到时，他就只好将蚯蚓先浸在盐水中，等蚯蚓死了再用。

钓鱼培养了达尔文的耐力，日后达尔文读到的思想和孜孜不倦的思索态度，与他少年时期的这些习惯都有一定的关系。

父亲罗伯特不愿意孩子们总是一天到晚在外面疯玩，他想让达尔文受到更多的古典教育。

由于妻子苏珊娜的身体一天不如一天，他将更多的精力都放在妻子身上，直到达尔文8岁时，父亲才将达尔文和妹妹凯瑟琳送到当地凯斯先生的学校中去读书。

在凯斯先生的学校中，达尔文最喜欢上的课就是自然常识课，他对这个课特别有兴趣。课堂上，老师经常会展示一些动植物的矿石标本，还有画片。这些新奇的物种让达尔文感到十分好奇。相比之下，其他科目他就不那么上心了。

不过，达尔文才不在乎成绩呢。

在凯斯先生的学校上完课后，他就四处去寻找昆虫或者采集各种花草植物标本。塞文河的沙滩上，红砖楼房附近的小山下，到处都留下过他的足迹。

回到家后，达尔文就开始整理他的宝贝：彩色的卵石、美丽的贝壳、奇怪的昆虫等等。在达尔文的小房间中，他的收藏品变得越来越多。

姐姐们看到达尔文的这些"破烂"后很生气，怪他将屋子搞得乱七八糟的。可是达尔文的姐姐们不知道，从收集这些东西的过程中，达尔文学到了许多课堂上没有的知识。正是在这种收集的过程中，他的动手和动脑能力才得到了充分的锻炼。也正是童年时期的这个小小兴趣才逐渐成就了日后的大生物学家。

第二章　叛逆的中学生

敢于浪费哪怕一个钟头时间的人，说明他还不懂得珍惜时间的全部价值。

——达尔文

（一）

达尔文并不是一个听话的孩子，经常会耍一些小聪明。达尔文家中的院子里有许多果树，每到成熟的季节，树上就会挂满诱人的果实。一看到它们，达尔文就惦记着尝尝它们的味道。但等他放学回家后，果园里的大门已经锁上了。

为了能尝到味道甜美的果子，达尔文就自己想办法。靠近果园围墙的地方长着一棵大树，达尔文就顺着这棵大树爬到果园里。果园里的果树并不算高，但达尔文的年龄小，个子也矮，够不到，他就从园子里找到两根木棍去打果实，结果果子都掉到草丛里了，不好找。达尔文琢磨了半天，终于想出一个好办法。他把木棍插在空花盆的底洞里，再用木棍举着花盆，将花盆伸到果实下面。这样，只要他用另一根木棍打果实，果实就会掉到花盆里了。这样，他就能吃到新鲜甜美的水果了。

不过，有时打掉的水果太多，达尔文吃不了，就将剩下的水果堆在草丛里，然后跑回家告诉父亲，说他发现有人要偷果园里的水果。父亲听说后，就和他一起到果园查看。

到了果园，父亲看看四周，又看看地上掉下的水果，马上就明白了小达尔文的鬼把戏。不过父亲并没有责备他，而是说：

"没事的，没有人来偷水果，这显然是有人故意和我们开玩笑。查理，你注意观察周围的事物是好的，但一定要注意，注意你的发现是否真实。"

听了父亲的话，小达尔文的脸禁不住红了。

这个时期的小达尔文还形成了一个说谎的习惯。这种表现在他这个年龄属于比较正常的。不过，达尔文说的慌并不是通常的小谎，而是围绕着他搜集的标本的离奇怪诞的慌。他曾宣称自己的化石中有几块是价值连城的珍宝，还扬言自己搜集的硬币中有一枚是古罗马时期铸造的，其实就是一枚压扁了的18世纪的四分之一旧便士而已。

有一次，他还向他的朋友宣告了他使植物发生变异的方法：将几种有色的液体喷洒在多花水仙和报春花的植株上，就能够使同一株多花水仙和报春花开出不同颜色的花朵。而事实上，这种方法他自己从未试验过。

或许是出于小孩子的虚荣心和对发明的向往，小达尔文才产生了各种各样异想天开的想法。但是，他竟在那么小的时候就对植物和它们的变异性产生浓厚的兴趣，这不能不说是一件令人惊讶的事情。

罗伯特对小达尔文的这些谎言并不在意，也不想去制止他。他说：

"这说明他有丰富的想象力，有一天他可能会将这种才能用到正经

事上去。"

父亲的这个预言在一定程度上是正确的。成年后的达尔文从不说谎，相反，只有真理占据了他的心灵。

就在达尔文进入凯斯先生的学校这年的夏天，母亲苏珊娜不幸去世了。尽管丈夫罗伯特尽其所能地请大夫为她诊治，并陪伴在她的身边照顾她，但依然没有阻止厄运的降临。1817年，达尔文永远地失去了心爱的母亲。这一年，他还不到8岁。

在弥留之际，苏珊娜还念念不忘小达尔文。她对丈夫说：

"罗伯特，查理的爱好虽然有些怪，但我希望你能保护好他的兴趣和爱好，不要阻止他。我相信，只要好好加以引导，他将来一定会有出息的。"

母亲的去世改变了达尔文的生活。从此，他脸上灿烂的笑容不见了。为了不想念母亲，他一天到晚地与各种树叶、石头、花草、泥土、昆虫等为伍。

苏珊娜去世后，家里的重担就都落在了父亲罗伯特的肩上。不过，罗伯特医生对子女的教育一直很重视，并未因为生活的艰辛而放弃。为了实现对妻子苏珊娜的承诺，也为了让小达尔文得到更好的教育，父亲让达尔文离开了凯斯先生的学校，跟随哥哥伊拉兹马斯一起转到什鲁斯伯里城中的布特勒寄宿学校学习。

（二）

布特勒寄宿学校是什鲁斯伯里城里一所颇有名气的中学，曾经培养过很多著名的人物。罗伯特医生之所以将小达尔文转到这所学校来，

一是因为学校的名气，另一个原因是因为校长布特勒是罗伯特的老朋友。还有一个更重要的原因，就是布特勒寄宿学校里推行的是严格的古典教育。

罗伯特医生一直都希望达尔文能够受到良好的古典教育，达尔文在这里生活了7年。但是，他却一直都不喜欢这里。多年以后，达尔文对他在布特勒学校所受的教育是这样评价的：

"布特勒博士的学校对于我的智力发展是再糟糕不过了。因为它严格地进行古典文学教育，除了一点点古代的地理和历史之外，别的什么都不教。从教育的这一点来看，这个学校对我简直就是一片空白。"

达尔文之所以这样说，是因为布特勒博士是里奇菲尔德大教堂的神父，他的中学是一所文法学校，教的科目主要是古代语言，如拉丁文和希腊文，数学则教的很少，自然科学和现代语言教的更少了，甚至就连本国的语文——英文也几乎不教。这里的学生只是偶尔把一些古文的散文翻译成英语，其余的大部分时间都花在学写和背诵那些没有多大意义的古诗上面。

学校对作诗特别重视，就连校长布特勒博士本人都曾因自己写的希腊颂诗而在剑桥大学获得过两枚奖章。由于学校的因素，达尔文在学校期间没少阅读名人的诗作，如雪莱、拜伦、司各特等人的作品他都读过。他最喜欢的是古希腊诗人贺拉斯的希腊颂诗，认为只有贺拉斯的颂诗才能让他产生学习这门功课的兴趣。

达尔文虽然也喜欢这些诗，但他自己却拙于作诗。尽管如此，他还是有些自己的办法去"应付"这些学校规定的课程。他收集了大量的旧体诗，然后分出类别后加以剪裁。经过不断地收集整理和总结归纳，他慢慢掌握了一些窍门，再加上同学们的帮助，他很快也能比较

容易地作出一些题目的诗篇来。事实证明，有效的方法可以帮助人们更好地学习更多的知识。

在学习诗歌的同时，达尔文还比较喜欢戏剧，尤其是莎士比亚的历史剧。他常常能一连几个小时一动不动地躲在一个地方读莎士比亚的《李尔王》《查理二世》等作品。

通过这些学习，达尔文在学校里学到了一些东西，虽然他对学校的厌恶还是一如既往。可是在课外，达尔文却有各种各样的兴趣。他曾跟一位家庭教师学习欧几里得几何。当了解了对定理的一些明确的论证方法后，他就感到很满意。通过对几何的学习，达尔文觉得，他所学到的东西远比他在学校里学习的那些死记硬背的东西有用得多。后来的事实也证明，正是这些帮助他开启思维的课程，让他掌握了更多获取知识的方法和工具。

另外，他还怀着极大的兴趣阅读了不少自然科学著作，尤其是吉尔伯特·怀特的《自然史和赛尔波恩地区的考古研究》等，让他对观察鸟类的习性产生了极大的兴趣，促使他对附近各种鸟类进行了许多详细的观察，并作了记录。

（三）

在布特勒中学的课余时间，达尔文搜集的兴趣不仅没有停止，反而越来越强烈。他急切地想要知道和了解自己所感兴趣的事物，力求弄清一些事物为什么是这样而不是那样。这种热心观察、追求理解的个性显然对他日后的科学研究起到了关键性的作用。

达尔文最喜欢收集的是各种矿石和昆虫。不过，这时他采集矿石的方法还不科学，只关心和寻找各种新奇的矿石，没有设法将它们分类，以便日后进行研究。不过，这时的达尔文毕竟还是个孩子，只是出于兴趣，还不是为了做研究而收集。

对各种昆虫的收集也是如此，他都是收集那些以前没有见过的品种，有时也能遇到一些十分稀有的昆虫。每当这时，他都会为拥有一个新的标本而高兴一整天。

在读了鸟类学方面的书籍之后，达尔文对鸟类的兴趣大增。他在这样小的年纪就十分喜欢"在刮风天的傍晚沿着海滨散步，观赏那些沿着奇怪而又错误的路线飞回家去的海鸥和鸬鹚"。

所有这些能观察到的东西，达尔文都会认真地将它们记录下来。

有一天，达尔文在课堂上看到一位同学竟然将一本书放到大腿上阅读，而且看得津津有味。他很好奇，下课后就找到这位同学，想看看他到底在看什么有意思的书。

这是一本名叫《世界奇观》的书。在同学看完后，达尔文就迫不及待地借来阅读。书中讲了许多他没有见过的事物，如埃及神奇的金字塔、罗德里岛的巨型太阳神雕像、神秘的巴比伦空中花园等。

这本书在同学们中间互相传阅，一下课，大家就都聚在一起争辩书中那些不可思议的奇特建筑是否真的存在。这时，达尔文的心中忽然涌出一个大胆的想法：要是能到遥远的地方去看个究竟，那将是件多么惬意的事啊！

达尔文没想到，正是他这种潜藏在心底的强烈愿望，才促成了日后对他影响一生的环球旅行。

在达尔文即将中学毕业时，他的哥哥伊拉兹马斯对化学产生了兴趣，并在家中的一个储藏室里搞起了一个小试验室。达尔文经常帮助哥哥，并认真阅读了几本化学方面的书籍。当他在实践中了解到试验方法的奥妙之后，又对化学入了迷。此后只要有机会，兄弟俩就偷偷从学校跑回家，一头钻进实验室里去摆弄实验，有时一直搞到深夜。

这样第二天到学校后，达尔文就会给同学们讲许多有趣的实验。不过，很多实验都是关于如何制作各种气体的。同学们见他那副神魂颠倒的样子，就给他取了一个绰号——"瓦斯"。达尔文听了，不但不生气，还高兴了好几天。

达尔文和哥哥偷偷跑回家做化学实验的事终于被校方知道了。布特勒校长将兄弟俩叫到教导室，严厉地问：

"你们两个干的事已经有人告诉我了，说吧，怎么回事？"

两个孩子吓得谁也不敢吭声，不知道该怎样向校长解释。

布特勒校长继续严厉地问道：

"人们已经提醒请我注意，说你们经常在家里玩一些有毒的化学品，是不是有这么回事？"

"校长，不是这么回事。"听了校长的话，达尔文壮着胆说，好像有了勇气似的。"校长，我们并没有玩化学药品，而是在做些传导实验。"

"啊，小达尔文，是真的吗？"布特勒校长讥讽地笑道。"这么说，我们的学校有一位未来的波义耳（英国物理学家）和戴维（英国化学家）了？在我的印象当中，搞实验的应该都是成年的科学家，而不是那些连贺拉斯的诗都翻译不了，甚至连最简单的英文动词词尾变化都弄不清的小孩子！"

"可是校长……"达尔文仍然想要为自己和哥哥辩护。

"够了！"布特勒校长打断达尔文的话，"我不想再听你狡辩了。

你们被送到这里，是为了接受古典文学教育，不是来涉猎科学性的东西的。现在，你们马上回到各自的教室去，认真学好以前的功课。如果你们还要捣鼓那些与你们不相干的东西，我只好严肃地考虑请你们的父亲来这里把你们领走了！"

此后不久，布特勒校长又在一次早祷后当着全校师生的面训斥了达尔文，再次批评了他在科学方面的兴趣，并称他"不可救药"。更严重的是，布特勒校长还将这件事告诉了达尔文的父亲罗伯特先生。

（四）

罗伯特医生一向对儿子寄予厚望，要求很高，但他不理解达尔文的兴趣和爱好的意义。在对青年人教育的问题上，他算是一个比较传统而保守的人。

一天，罗伯特医生将达尔文叫到身边，准备狠狠地批评他一通。

"孩子，我早就跟你说过，你应该好好学习学校规定的功课，不要把时间浪费在那些无用的事情上。在学校认真学习古典文化，这样将来你才能有知识、有涵养，你在天堂的母亲也能得到安慰。"

"可是爸爸，我对学校里的那些课程一直都毫无兴趣。"达尔文对自己一向敬重的父亲坦白道。

罗伯特医生听了儿子的话后，立即火冒三丈：

"兴趣？你每天除了打猎、养狗、抓老鼠、钓鱼、捉鸟、收集烂石头之外，对别的什么都没兴趣！你再这样下去，会给你自己、给我们整个家族丢脸的！"

校长和老师的批评达尔文根本不放在心上，而父亲也这样说他，让他感到很难过。在他眼里，父亲是个有智慧、有远见和和善的人，可现在连父亲都不支持他的爱好，孤独和痛苦占据了他的心灵。

多年以后，达尔文想起布特勒校长及他的中学学习生活时说：

"谁也没有比我更憎恨这种陈旧、刻板、毫无意义的古典教育了。"

由此我们也能隐约感觉出，达尔文对父亲的不满全部转嫁到学校的制度上去了。

罗伯特医生也渐渐意识到，让达尔文继续留在布特勒学校学习已经没什么意义了，因为儿子的兴趣的确不在古典文学，他没办法强迫儿子喜欢古典文学。于是，他决定让达尔文和他的哥哥一样，到爱丁堡大学去学习医学。

在19世纪，上流社会的家庭中存在在一条不成文的规定：如果有三个以上的男孩，长子应继承父业，幼子应当律师，其他的孩子则到陆军或海军中服役。由于罗伯特医生只有两个儿子，所以他一直都计划让伊拉兹马斯学习医学，以后在什鲁斯伯里开家诊所；让达尔文日后到教会中寻找出路。因此，他先将伊拉兹马斯送到了爱丁堡大学医学院读书。而现在，他打算将小达尔文也送去学医。

1824年圣诞节期间，罗伯特医生将自己的这个决定告诉了达尔文，要他第二年秋天也到爱丁堡医学院去读书。

"您的意思，是希望我成为一名医生对吗？"达尔文显然对父亲的决定感到沮丧。

"这有什么不好吗？"罗伯特医生看着儿子说，"你很清楚，我在这里有一个赚钱的诊所，而且事业发展也很顺利，因为医生是个很受人尊敬的职业。伊拉兹马斯和你毕业之后，都可以在这里开设诊所。

我们会为很多人看病，也会有比较可观的收入。"

"可是爸爸，我本来是想学习植物学和动物学的。我希望自己可以继续沿着祖父的足迹前进，而且我也觉得，可能我命中注定是要将祖父留下的工作继续下去……"

"命中注定？"罗伯特医生愤怒地打断了达尔文的话，"你怎么有资格说命中注定呢？像你这样的孩子，命运就是操控在父母手中。我告诉你，你注定是要学医的。不要再跟我讨价还价了，明年秋天你要到爱丁堡去上学！"

再继续争论也没有意义了，父亲不可能同意他的想法，达尔文只能听从父亲的安排。

1825年，达尔文在布特勒中学的学习生活彻底结束了。然而他并不高兴，对他来说，接下来的生活不过是从一个牢笼解脱，再钻进另外一个牢笼而已。

第三章　放弃学医

　　我能成为一个科学家，最主要的原因是：对科学的爱好，思索问题的无限耐心，在观察和搜集事实上的勤勉，一种创造力和丰富的常识。

——达尔文

（一）

　　1825年10月的中旬，达尔文被父亲送到了爱丁堡大学医学院，与哥哥一起在那里学习医学。

　　爱丁堡大学是一所十分著名的大学，在苏格兰享有很高的声誉，被誉为"医学博士的摇篮"。罗伯特医生希望达尔文在这里能够很好地学习医学，将来与自己一样，既精通医学又懂生物学。为此，他为达尔文和哥哥提供了充足的资金，给他们租了一所又大又漂亮的房子，为他们创造尽可能好的生活环境。

　　这时的达尔文刚刚17岁，比规定的入学年龄要小1岁多，不过在哥哥的帮助下，他还是顺利地办理了入学手续。

　　刚开始时，达尔文对爱丁堡大学是充满了幻想的，觉得既然来了，就要好好学习一番。可当他真正地体验了这里的教学后，幻想很快就破灭了。除了化学课上能够接触更多的实验，让达尔文还能接受之外，其余所有的课程几乎都是"填鸭式"的教学方法，就连他曾经极度向往的生物学也被讲得枯燥、乏味。再加上有些教授浓重的地方口音，让思想活跃的达尔文相当不习惯。

达尔文最不喜欢的课程就是亚历山大·门罗所讲授的人体解剖学。达尔文后来说：

"他讲授的人体解剖学同他本人一样乏味，因此这门课程让我感到厌恶。"

不过在医学院，这门课程却是必须要修的。但达尔文只去了一次解剖室，就再也不想去了。因为一进门，他就看到解剖台上被泡得变了形的尸体，闻到了混有福尔马林和尸体恶臭的气味，他感到自己的内脏就要翻出来了！

另一门让达尔文感到难以忍受的课程，是他的专业实习课——外科手术观摩教学，这意味着他必须零距离亲眼目睹手术的全过程。

达尔文有一个与他所学专业十分矛盾的毛病，就是怕血，可他必须参加医学专业的临床实习课。在当时，麻醉技术还不发达，在进行外科手术时，医生通常只给患者灌上点酒，然后用纱布堵住患者的嘴，再将其手脚牢牢绑在手术台上，然后就开始实施不加任何麻醉药物的外科手术。

达尔文亲眼看到了这样的手术：患者需要截掉腐烂坏掉的肢体，医生一边做手术，患者一边痛苦地挣扎。尽管有纱布堵住嘴巴，可达尔文还是能够清晰地听到患者的惨叫声。这声音让达尔文越听越恐惧，最后他只能掩着耳朵跑出了手术室。

彻底让达尔文决定放弃医学学习的是第二次手术观摩课。那是给一个小孩子做手术。那天，达尔文刚一踏入手术室，就听到里面传来孩子尖利痛苦的哭喊声。孩子恐惧的目光和痛苦的声音让达尔文感到那手术不是给孩子做的，而是给他自己做的。随着医生的每一个动作，达尔文都好像能感觉到手术刀正在自己的身体里活动。看着手术一点点进行，孩子一点点失去呼喊的力气，达尔文越来越感到害怕，最终他再一次掩着耳朵逃出了手术室。

此后，达尔文再也没有上过这种可怕的课程，而且放弃学医的念头也日渐强烈。

（二）

到大学二年级时，达尔文的哥哥毕业离校了，达尔文一个人继续留在学校。没有了哥哥的照顾和帮助，很多实验他更懒得去做。这时的他，决心按照自己的方式生活，于是开始埋头在图书馆苦读。

爱丁堡大学有几个十分有名的地方，一个是自制的天文台，一个是爱丁堡大学博物馆，还有一个是著名的艺术和工艺学院，另外一个就是达尔文最喜欢去、藏书十分丰富的爱丁堡大学图书馆。在这里，达尔文如饥似渴地阅读着各种自然科学、旅游游记、名人传记等各种书籍。

除了在图书馆阅读之外，达尔文还经常去爱丁堡大学博物馆，那里陈列着许多新奇有趣的东西。渐渐的，达尔文成了那里的常客，并与在那里工作的两位年轻的博物学家交上了朋友，其中一位就是后来很有名气的罗伯特·格兰特博士。

格兰特博士当时就在爱丁堡大学博物馆工作，主要致力于海洋生物的研究。他对医学和自然科学都很有研究，曾亲自去拜访过拉马克，学习了拉马克的进化论思想。达尔文第一次听说拉马克的进化论观点，就是从格兰特博士那里听说的。

拉马克是第一个系统地研究生物进化的人，曾提出了第一个进化理论。这个理论主要包括两点：一，生物有着向更高级形态进化的欲望；二，生物对于生活环境具有一定的适应功能，这些功能还会变为性状遗传给后代。

在与达尔文的交往过程中，格兰特博士每次都会提及拉马克的进化理论，达尔文也好奇而认真地听着，但并没有留下什么深刻的印象，因为他已经从祖父那里知道了有关进化论的一些内容，他对这种纯理论的观点并没有多大兴趣。

达尔文经常和精力充沛的格兰特一起四处游览，帮助他在落潮后的水坑里搜集海中的各种动物，然后对其进行解剖。达尔文自己也对解剖动物充满兴趣。他曾在1927年所记的笔记中提到，他在福斯湾发现了一种特殊的海鱼——"海鲨鱼"，并"与格兰特博士一起对这种鱼进行了解剖"。他们对鱼的内脏器官，包括心脏和心瓣等，都进行了认真仔细的研究。

他还与纽埃文尼的渔民们成为朋友。渔民每天都要从海里捞出许多生物，达尔文很热衷于对这些生物进行研究。他在笔记里记载和描述了某些软体动物的产卵情况以及软体动物的幼虫，并简要地叙述了珊瑚虫和海鳃。此外他还观察了一条鱼往圆盘和桡骨基间特殊分泌囊里产卵的情况等。

渐渐地，海边新鲜有趣的生活、丰富多彩的标本让达尔文重新焕发了童年时代的热情。学校那些不愉快的生活和未来工作的担忧早已被他抛到九霄云外，他开始专心做起他的研究来。

达尔文有一架不太精确的显微镜，虽然简陋，但并没有阻碍他进行科学观察的热情。正是用这架显微镜，达尔文发现了前人的一些小错误，其中的一个是板枝介的幼虫被前人误认为是借着鞭毛独立运动的板枝介卵，另一个是海蛭的卵衣被前人误认为是墨角藻幼年期的球状体。

达尔文将这两项发现写成了科学论文，即《论苔藓虫纲中的苔藻虫》和《论蛭纲中的水蛭》。这两篇论文充分显示出了达尔文在生物学方面的研究才华，并得到了格兰特博士的热情赞赏。为此，格兰特博士将达尔文推荐到普林尼学会中，让他在众人面前宣读了这两篇论文。

普林尼学会是一个以大学生为主的科学团体，创办于1823年，学会会员每周二会在爱丁堡大学的学院地下室中集合，因对科学的共同爱好而一起学习、探讨、交流。学会共有150名左右的会员，学会秘书是格兰特博士。

达尔文的论文在宣读后，获得了会员们的一致好评。1826年11月28日，达尔文被选为学会委员，不久又被选为学会理事五人成员之一。在担任学会委员的几个月中，学会共举行了19次会议，达尔文只有一次缺席。

（三）

朋友的鼓励和普林尼学会会员的支持，使达尔文对生物学的兴趣日渐浓烈。在愈来愈广泛的交际当中，他也结识了许多志趣相投的朋友，如维利亚姆·马克·吉利弗雷就是达尔文结识的一位青年学者。他因为对软体动物和鸟类进行研究而小有名气，曾出版过一部论苏格兰鸟类的巨著。从他那里，达尔文学到了许多鸟类知识。

戈尔德斯格林博士也是一位非常杰出的青年，热爱生物研究，发表过

许多优异的生物学论文，经常与达尔文一起讨论有关生物方面的话题。

与此同时，达尔文还结识了一位黑人朋友，他以善于制作各种鸟类标本而著名。在那里，达尔文虚心请教制作鸟类标本的技术。

此外，格兰特博士还带着达尔文参加魏尔纳学会的一些会议。在这些会议上，达尔文听了美国鸟类学家奥久邦关于北美鸟类习性的报告。达尔文自己也经常参加其他的一些学会，如"皇家医学会"和"爱丁堡皇家学会"（由苏格兰著名的小说家和诗人华尔德·司各特担任主席）的会议。

当时在爱丁堡，有两派地质学家始终争论不休。一派为海王星派，认为一切岩石都是由海洋沉积而成的；另一派是冥王星派，认为岩石的起源大部分是由火山喷溢的结果。一次，达尔文跟着一个参观团到某地参观，这个地方有明显的火山活动痕迹，可其中一位海王星派教授却极力否定，还嘲笑冥王星派。这时的达尔文对地质学方面已经有了一定的研究，因此他对学者们的争论进行了认真分析，并指出了他们的偏见。

在1826年到1827年这两年的暑假中，达尔文都生活得很快乐。他经常外出旅行和游玩，有时还打猎。比如在1826年的夏天，他就与两个朋友步行穿过整个北威尔士，最后攀登了斯诺登山峰。1827年夏天，他又与妹妹凯瑟琳一起沿着北威尔士进行了一次短途骑马旅行。

达尔文还十分喜欢打猎，每次旅行都要大大满足自己的这个兴趣。而他打猎次数最多的地方，就是到舅舅乔赛亚·威基伍德的庄园或到奥温先生的伍德高兹去打猎。

到梅尔庄园的舅舅乔赛亚那里旅行和打猎，对达尔文来说是十分诱人的。一幢古式的房屋坐落在小湖岸边，朋友们经常聚集在这里举行各种宴会或演戏，如演莎士比亚的《温莎的风流娘》等。

　　乔赛亚举办的宴会上充满了上层社会的名流，其中撰写了《英国革命史》的哲学家和历史学家詹姆斯·梅金托什也经常来梅尔作客。他善于言谈，每次达尔文都很认真地倾听，并会向他提出一些问题。梅金托什凭着哲学家的敏锐，发现了达尔文的不同寻常。他说：

　　"在这个年轻人身上，总有些东西让我感兴趣。"

　　在这期间，达尔文还迷上了音乐，但其实他是个乐盲，几乎分不出音阶与音阶之间的差别，可他仍然对一些伟大作品家的作品着迷，尤其是对巴赫、莫扎特和亨德尔等人的作品。

　　事实上，与其说达尔文感兴趣的是音乐，倒不如说他感兴趣的是弹奏乐曲的人——他的表姐埃玛。

　　埃玛当时19岁，比达尔文大10个月左右。她出身名门，才貌双全，举止得体，求婚者自然是络绎不绝，但都被她一一拒绝了。之所以如此，是因为她的内心深处已经喜欢上了达尔文表弟。但她却不清楚达尔文内心是如何想的，因此常常陷入苦闷之中。

　　达尔文自然也是很喜欢这位表姐的，可他才仅仅18岁，大学也没毕业，事业也没有开始，根本不可能会考虑到婚姻问题。此时，他更关心的是自己的生物学知识以及他的一些新计划。可他没想到，他的父亲罗伯特医生正在准备让他走另外一条道路呢。

达尔文心地善良，小时候喜欢摸鸟蛋，但每次总是只拿一个，把其他的留给可怜的鸟妈妈，决不全部拿走。不这样做，他就觉得太残忍了。

第四章　自得其乐的剑桥时光

　　我既没有突出的理解力，也没有过人的机智。只是在觉察那些稍纵即逝的事物并对其进行精细观察的能力上，我可能在普通人之上。

——达尔文

（一）

　　1827年秋天，达尔文回到家中，向父亲坦白了自己在大学里的所作所为，并表示自己不会再继续学习医学。罗伯特医生失望极了，他觉得达尔文的行为完全背离了他的初衷，辜负了他的期望，本来打算让达尔文继承自己事业的计划也泡汤了。

　　最后，罗伯特医生告诉达尔文，既然不愿意学医，那就没必要继续留在爱丁堡大学白白浪费钱财了，干脆去当牧师好了。他要求达尔文结束在爱丁堡大学的求学生活，准备到剑桥大学学习神学。

　　达尔文对父亲的这个决定感到突然和茫然，他争辩说：

　　"爸爸，我不适合学医，也没兴趣学习神学，您为什么总是让我去学习那些我不感兴趣的东西呢？"

"那么你对什么感兴趣？除了各种鸟和各种死虫子，你还喜欢什么？"固执的罗伯特医生还是认为儿子的兴趣是不务正业。

达尔文无法拒绝父亲的要求，为了不与父亲发生对抗，他请求父亲允许他"考虑"一段时间。然后，他来到梅庄的乔赛亚舅舅家，请舅舅帮他拿主意。

这时，乔赛亚也收到了罗伯特医生的来信，他答应会帮忙劝劝达尔文去剑桥大学学习神学。因此，当达尔文问舅舅的意见时，乔赛亚说：

"查理，你应该听从你父亲的决定。当然，我并不是劝说你绝对信仰神学，为神学奉献一生。我认为，作为一门学问，神学还是可以研究的。"

"可是，那我喜欢的生物学不就全部报废了吗？"

"学好神学，当上牧师，你还是可以继续坚持你的生物学爱好。"乔赛亚说，"历史上很多著名的人物，像哥白尼、布鲁诺、牛顿，还有现任大学教授赛奇维克都曾学习或研究过神学，有的还担任过圣职。不过，我希望你能像哥白尼、布鲁诺那样，从神学走向科学。"

听了舅舅的话，达尔文觉得很有道理，而且他也没有理由再拒绝父亲了，因为他感到很对不起父亲，总是让父亲失望。

于是，达尔文接受了父亲的建议，申请到剑桥大学基督学院学习。1827年10月，校方批准了他的请求。

然而，由于达尔文在离开布特勒学校后再没翻过一本古典文学方面的书，就连在爱丁堡所学的，也因为老在外面旅游而忘得干干净净。所以，他只好在家猛补功课，以便在开学后能够尽快适应学校的教学进度。

1828年1月8日，达尔文正式进入剑桥大学基督学院，学习期限为三年。

19世纪前半叶的剑桥大学有很多方面都与今天不同。几座古老的学院楼舍虽然历经风雨，在近150年的岁月里并无太大变化，但周围的环境却变得无法辨认了。过去，这里仅是一个拥有大约8000名居民的死气沉沉的集市小镇。

达尔文虽然从小就喜爱科学和文学，对神学并没什么兴趣，但他毕竟还是个阅历不深、知识不多的青年，加上无孔不入的神学势力影响，一开始他的各门功课还都不错。他还认真阅读了约翰·皮尔逊的《论教义》，佩里的《基督教教义证验论》《自然神学》《伦理学》等各种神学著作，还翻译了一些古希腊文的著作，包括荷马的作品和希腊文的《圣经》，这让父亲很满意。

事实上，达尔文并没有认真地学习神学，也根本没准备当一名牧师。而且在接受了一段时间的神学教育后，达尔文逐渐发现，这里的课程与爱丁堡甚至与布特勒学校的课程安排都是一个模式，古典科目课程占据了很大的比例。达尔文还是无法接受那些妨碍他进行推理和观察兴趣的课程，于是又转而学习其他一些课程。

在布特勒学校期间，达尔文曾对几何学产生过兴趣。在剑桥大学，枯燥乏味的古典课程让达尔文感到厌烦，因此他打算继续学习数学。可对于没接触过多少数学的他来说，这也是一件十分困难的事。为此，他曾在1828年夏天专程跑到一个数学教授家中学习。尽管如此，但学习效果并不好，无奈他只好放弃数学。

此外，他还发展了其他爱好，如美术、音乐等，但这些都是通过朋友那里学来的。上了剑桥之后，达尔文又认识并结交了很多好朋友。

（二）

由于对课程缺乏兴趣，达尔文并不经常去上神学课和语文课等，但为了不让父亲生气，每到考试临近，他都不得不放下对花鸟鱼虫的研究，着手准备功课，以应付考试。一旦考试结束，他就又扔下那些必修课，转到那些让他心驰神往的兴趣上去了。

当考试顺利通过时，他就会高兴得忘乎所以：

"我考试及格了，及格了！……那些主考人很严格的，问了我许多问题。"

这让父亲罗伯特感到很欣慰，他觉得儿子这一次正在按照他安排的道路前进。他并不知道，他的儿子有多么厌恶神学。

后来达尔文也承认，虽然有一段时间他成功地让父亲相信他对学习神学的兴趣，但其实他对英国国教和罗马天主教所传布的教义都已经失去了信仰。他发现，《创世纪》的第一章与他从科学实验中学习的东西无法获得统一。同样的原因，他也不相信圣母玛利亚的单性生殖和基督创造的种种奇迹。他对那一日三次、天天重复的祷告仪式日渐心生厌烦，他所敬仰的哥白尼、布鲁诺、伽利略还在神学院遭受变相的诽谤和攻击……如果自己日后成为一名牧师，也可能会是这样的下场。天哪，想到这些，达尔文简直不寒而栗！

虽然对神学毫无兴趣，但达尔文还是勇敢地向错综复杂的神学攻坚了两个学期。这说明他虽然不太专心，但却是一个很有耐心的学生。当然，他还是将大部分的时间都用在阅读自然科学书籍和到野外采集标本的活动上了。

在剑桥大学求学期间，搜集甲虫是达尔文认为最有兴趣的工作。这

时候，他搜集甲虫依然是以兴趣为主，而不是为了研究解剖用。他常常将新收集来的昆虫和手头的昆虫图鉴进行比对，观察它们的外表是否相同。一旦发现差异，他就立即认真地记录下来。对这些昆虫，达尔文有着相当惊人的记忆力和出色的分辨力。在收集昆虫后，他通常都能十分迅速并准确地判断出它们是否属于新品种。

由于观察仔细，很多昆虫的习性都在达尔文的掌握之中。通过观察，他发现垃圾、茅草、湿地、树皮中和青苔里通常都是甲虫的藏身之所。只要多翻翻这些地方，总能找到一些甲虫，有时还能搜集到一些罕见而珍贵的昆虫品种。

有一天，达尔文又在树林中观察甲虫。不一会儿，他就在一棵又粗又高的大树上发现了两只甲虫，样子十分古怪，他以前从没见过。于是，达尔文轻手轻脚地走到树旁，悄悄伸出两只手，紧张地屏住呼吸，然后快速伸手抓住它们，刚好一手抓住一只。

就在这时，忽然飞过来一只长着透明翅膀的黑色飞虫，达尔文本能地想伸出右手去抓，可右手里已经有一只虫子了。他实在舍不得放弃这只虫子，眼看这只虫子就要飞远了，他一时慌乱，随手就把右手中的那只虫子塞入嘴巴里，准备腾出手去抓那只黑色的飞虫。

忽然，达尔文感到自己的嘴里又苦又辣。原来，那只被他放到嘴里的大甲虫见情况危急，马上分泌出一种辛辣的液体。达尔文只好把它吐了出来，大甲虫马上跑掉了。而这时，那只黑色的飞虫也早已飞得无影无踪了。

达尔文的确十分喜欢甲虫，经常孜孜不倦地想要弄清每只甲虫的名称，而且喜欢用他自己发明的一套命名方法。此后很多年，他仍坚持这样做。人们为了纪念他，很多甲虫就用了达尔文取的名字。后来有一天，当达尔文在昆虫学家斯蒂芬出版的《不列颠昆虫图集》中看到了标着"此虫为查理·达尔文所捕获"字样的昆虫后，别提多高兴了！晚年时，他在自己的回忆录中还提到了这件事，他说：

"诗人第一次看到自己的作品被发表时的快乐，一定比不上我在斯蒂芬的《不列颠昆虫图集》中看到'此虫为查理·达尔文所捕获'这几个字来得更快乐。"

（三）

在剑桥学习期间，达尔文与他的堂兄威廉·福克斯·达尔文很亲近，两人都很喜爱自然科学。达尔文曾说，多亏有堂兄的帮忙，他才更加熟悉昆虫学。福克斯后来成为一名乡村牧师。

达尔文经常将自己在昆虫方面的新发现告诉福克斯，并说他同牛津大学的第一个动物学教授霍普先生谈论过昆虫，他很喜欢霍普教授的昆虫搜集标本。霍普先生还给了达尔文100多个新品种，还要慷慨地送给他最稀有的昆虫标本。

在进入神学院之后，达尔文就试图说服父亲允许他另谋职业，放弃那讨厌的神学，但都没成功。罗伯特医生的态度比以前更加坚决，他一定要达尔文继续学习下去，这让达尔文很苦恼。正如他后来所说的那样：

"虽然我在剑桥的生活还有些可取的地方，但我的光阴在那里是虚度了，甚至比虚度还要坏。……对于这样的浪费光阴是应当感到惭愧的。"

不过，达尔文渊博的知识和才华还是让著名学者休厄尔博士感到惊讶。休厄尔博士是一位很有天赋的学者，后来成为三一学院的院长。他对达尔文未来事业的发展起到了定向的作用。

有一次，他找到达尔文，对他说：

"作牧师显然不是你的专长，你有没有考虑过毕业后继续留在剑桥，继续攻读你感兴趣的专业？这样你很快就会取得会员资格。"

达尔文将休厄尔博士的建议告诉了父亲。虽然休厄尔教授对达尔文的重视打动了罗伯特医生，可他依然不想改变原来的想法。

就在这时，堂兄福克斯约达尔文一起去参观剑桥大学的植物园。这可正合达尔文的心意。

虽然达尔文没什么心情观赏，但福克斯却忽然惊喜地告诉他，亨斯洛教授正在这里给学生上课呢！

亨斯洛教授是剑桥大学有名的年轻博物学家，同学们对他的评价是——"他是个什么都知道的人"。

达尔文也早就听说这位30多岁的教授是一个通晓各门学科的人。因此一听福克斯说亨斯洛教授在这里，达尔文来了精神，连忙和堂兄挤到人群中去听。

这堂课亨斯洛教授讲的是有关虫媒传粉的知识。现场实地的授课要比课堂上那令人昏昏欲睡的单调讲解效果好得多，通过亨斯洛教授通俗易懂的讲解，同学们很快就能直观地了解到虫媒传粉这一过程。达尔文不禁为亨斯洛教授这种在大自然中进行研究的讲学方法所打动。

达尔文在一旁聚精会神地听着，他觉得听亨斯洛教授的课简直像是一种美妙的享受。忽然，他头脑中产生了一个问题想向亨斯洛教授请教，但又不敢问。在堂兄的鼓励下，他才鼓起勇气问道：

"敬爱的教授，我有个问题想要请教您。"

"什么问题？"教授看了看达尔文那张陌生的脸，笑着问。

"上帝在创造兰花和昆虫时，是同时的，还是不同时的？如果不同时，那么谁先谁后呢？"

这其实是个类似于"鸡和蛋谁先谁后"的争论。亨斯洛教授无法回答这个问题。直到1859年，达尔文才自己对这个问题进行了科学的解释。

不过，达尔文的问题还是引起了亨斯洛教授的注意。他认定达尔文是个了不起的青年，于是没有勉强回答这个问题，而是问福克斯：

"他是谁？"

福克斯早就与亨斯洛教授认识，因此毕恭毕敬地向亨斯洛教授介绍说：

"他是我的堂弟，叫查理·达尔文。我们都喜欢生物课。"

这时，达尔文赶紧表达他对亨斯洛教授的仰慕。教授也被他的谈吐和目光所吸引了。

"我很喜欢自然科学，尤其是生物学，可是我的专业却是神学。"达尔文告诉亨斯洛教授。

亨斯洛教授点了点头，说：

"科学与神学从表面看好像是水火不相容，但其实是可以共存的。这样吧，我家里每周都有一次青年聚会，来的都是对科学有特殊爱好的人。如果你们两个愿意的话，以后可以一起来我家。"

对亨斯洛教授的邀请，达尔文自然是欣喜若狂。从那以后，达尔文就成了亨斯洛教授家中的常客。他对自然科学所表现出的那种真诚爱好与求知欲望以及他敏捷的思维，都令亨斯洛教授赞叹不已。

（四）

　　每周亨斯洛的家中举行聚会时，都充满了自由探讨的学术气氛。与会者时而静静地思考问题，时而展开激烈的讨论，大家都各抒己见，畅所欲言。当某个人发表了精辟的见解时，大家都会热烈地鼓掌赞扬；当大家为某个问题争论不休时，亨斯洛教授就给大家加以解答。如果亨斯洛教授也解答不了的，他就让大家一起进行讨论研究。

　　达尔文探索科学的热情在这种氛围中再次被激发出来。多年后，达尔文是这样描述这种聚会对他的影响的：

　　"亨斯洛教授家的聚会促进了人们的交往，在剑桥产生了良好的效应，如同一些科学团体在伦敦所产生的效果一样。……我曾听说，当时的伟人们用多方面的、极其卓越的才能谈论各种问题，的确获益不小。因为这些谈话可以启发年轻人的思想，可以激发年轻人的雄心。"

　　亨斯洛教授性格谦和，待人诚恳亲切，对那些热爱科学的青年学子更是如此。由于年龄和性格使然，他经常会像一个孩子一样和学生们打成一片。也由于他的平易近人，学生们都不将他当成纯粹的师长，而是当成同龄的朋友。在亨斯洛教授高尚人格魅力的影响下，不少学生后来都成为英国著名的学者。

　　而达尔文身上也有某种特点，使许多同龄人很容易对他产生好感——也许是由于他热爱自然的那种真正的心境和那敏捷活泼的大脑。亨斯洛教授也有同感，因此他与达尔文之间很合得来，并成为真正意义上的师生和朋友。

　　由于受亨斯洛教授的影响，达尔文喜欢上了植物学，并选修了亨斯洛教授的植物学课程。亨斯洛教授的课程与其他人的课程不一样，他喜欢离开课堂，和学生们一起到大自然中去学习，因此经常带着学生到郊外进行学习，或是经过漫长的跋涉去采集植物标本。他授课的地点也灵活多变：山川、沼泽、海洋、田野……到处都可以成为课堂，他也可以随时停下来给学生们讲解路边看到的植物、动物或一些岩石的知识。

这种授课方式让达尔文赞叹不已，内心对亨斯洛教授充满了敬佩。达尔文在剑桥的最后几年，两个人几乎每天都要一起外出散步，以至于人们都这样评价达尔文：

"这是常常与亨斯洛教授一起散步的那个人。"

这种友谊对达尔文的一生都产生了很大的影响，达尔文后来的环球旅行就是以这种友谊为前提的。

亨斯洛教授是一名优秀的地质学研究者，受他的影响，达尔文也开始学习地质学，而且学习兴致很高。在很短的时间内，他就读完了几本英国地质学方面的书籍，还绘制了一张舒兹伯利周围的地质图。

亨斯洛教授还推荐达尔文阅读了两本很有意义的书，一本是天文学家约翰·赫瑟尔的《自然哲学的初步研究》，另一本是博物学家亚·洪堡的《美洲赤道地区考察记》。洪堡是德国著名的探险家，曾考察了美洲的热带地区和中亚。通过对美洲气候的研究，他发现太平洋中存在一股贴近秘鲁和智利海岸流动的寒流，当时正以他的名字将该寒流命名为洪堡寒流（又称秘鲁寒流）。

第一本书激发了达尔文为神圣的自然科学奉献一切的决心，第二本则让他对环球旅行充满了神往。

"洪堡真不愧是一个勇敢的探险家和旅行家，是人类愚昧的征服者！"达尔文由衷地称赞道。

　　"我记得伟大的诗人歌德曾经说过，洪堡就像一个有着许多龙头的喷泉，只要你将一个容器放在下面，随便一碰，就能喷出清澈的泉水来，而且是源源不断。"亨斯洛教授说，"可惜的是，像洪堡这样的探险家现在是太少了。到目前为止，世界上还有许多未曾探明的地方。在今后，不知有谁能去继续探明呢！"

　　"您看我怎么样？"达尔文胸有成竹地问亨斯洛教授。

　　"查理，我早就知道你有探索未知世界的理想和勇气，但是，探险与游山玩水不同，那需要广博的知识，同时还要有吃苦耐劳的精神。我觉得，你在地质学方面掌握的知识还不够，但只要继续努力，相信不久你就会成功。"

　　后来，亨斯洛教授又介绍达尔文去听著名地质学家赛奇维克教授的地质学课程，达尔文也因此而结识了赛奇维克教授。在赛奇维克教授那里，达尔文如饥似渴地学习研究地质学，以期望能够有所成就。

第五章　第一次地质学考察

　　我之所以能在科学上成功，最重要的一点就是对科学的热爱，并坚持长期探索。

——达尔文

（一）

　　1831年，达尔文参加了剑桥基督学院的毕业考试，并且顺利地通过了考试。可按照校方的规定，他需要在剑桥再继续留两个学期，才能授予他文学学士学位。于是，达尔文继续留在剑桥听亨斯洛教授的植物学课和赛奇维克教授的地质学课。

　　赛奇维克与亨斯洛一样，也是一位优秀的"野外"考察家。而且，他正准备在这一年的夏天到北威尔士去考察。亨斯洛教授表示可以与赛奇维克商量一下，看能否让他带上达尔文一起去。

　　达尔文知道，赛奇维克可是当时英国最优秀的地质学家，并不是什么人都能与他一起去进行地质考察的。能与他一起外出考察的，通常都是相当有声誉的地质学家。如果真能成行，对达尔文来说可真是一件非常荣幸的事。

为了这次考察，达尔文不得不将以前所学的知识重新拿出来温习。虽然以前也学过一些，但由于导师授课单调枯燥，达尔文并没有学到多少真正的东西。为了不错过这次与赛奇维克教授一起考察的机会，达尔文可真是费了不少心思。尽管亨斯洛教授告诉他，赛奇维克教授已经同意带他一起去了，达尔文还是担心，生怕赛奇维克教授因为自己的才疏学浅而改变主意。

为此，达尔文阅读了大量有关地质方面的书籍，还专门购置了一台测斜仪，利用房间内的桌子进行各种测量。同时，他还试着外出到附近进行地质调查。当他做了这些事后发现，地质学完全不是他想象得那么容易。因此，他更加努力地学习各种地质知识。在阅读了大量的地质学著作后他发现：人们对于自己所生活的地球的认识简直太浅薄了。

经过漫长的等待，1831年8月3日，在赛奇维克带达尔文外出旅行前夕，与他进行了一次简短的，却让达尔文记忆深刻的谈话。

事情是这样的：有一天，达尔文告诉赛奇维克教授，当地的一个工人在一个沙坑中找到了古生热带贝壳。达尔文觉得，教授可能会因为这个发现而吃惊，可是教授却不假思索地说，这个贝壳是有人扔到坑里的，如果真属于冰河时期的表面地层，那将是地质学的真正悲哀，因为这会推翻人们当时所不清楚的关于中部各州表层沉积物的一切认识。

达尔文对教授的回答感到惊讶，他说：

"在这以前，我虽然读了不少书，但我从没有这样清晰地认识到科学是由这么多可以从中得出一般规律或结论的事实构成的。"

随后，达尔文与赛奇维克教授一起出发了。一路上，赛奇维克教授经常给达尔文讲解各种地质知识，如教他识别岩石和选择标本的方法以及怎样绘制地质图等。达尔文尽其所能地消化吸收着，哪怕一时吸收不了他也无所谓，因为这是一次非常难得的考察，也是一次难得的

学习机会。

达尔文还按照赛奇维克教授教给他的方法采集了大量的岩石标本。赛奇维克教授告诉他：

"你要记住你在路上采集过的标本，同时也要在你的地质图上记下那里的地质状况。只有这样，在你回头进行研究时才能有完整而详细的资料。记住，任何不寻常的事物都值得我们去关注。"

在这段旅行期间，达尔文还独自完成了一次考察，就是在考察队到达卡佩尔·居利后，达尔文悄悄地离开了考察队，靠着自己身上携带的指南针和地图，独自穿越了荒无人烟的斯诺登山去，来到了风景秀丽的巴茂茨。

这次考察虽然被赛奇维克教授批评了一顿，担心他遇到危险，但达尔文却认为正是这次独立考察，让他真正体会并理解了一个事实：不论事实是如何简单，如果不仔细观察，事实通常都很容易被忽略掉。

8月29日，在结束了北威尔士的短期地质考察后，达尔文回到了什鲁斯伯里的家中。一到家，他就看到桌子上面的两封信。正是这两封信，使达尔文做出了一个彻底改变他人生道路的决定。

（二）

寄给达尔文的两封信分别是亨斯洛教授和剑桥大学天文学教授皮柯克写来的。达尔文首先打开了亨斯洛教授的信，信中说，海军部请他推荐一位年轻的博物学家陪同英国军舰"贝格尔"号的官兵前往南美海岸进行科学考察，他向他们推荐了达尔文。亨斯洛教授告诉达尔文，"贝格尔"号军舰舰长罗伯特·菲茨罗伊是一位十分了不起的人物，而且是他的老朋友。他还鼓励达尔文说：

"我已经告诉舰长，在我所认识的人当中，你是最适合参加这项工作的人选。我这样说并非认为你是个完美的博物学家，而是认为你能够胜任搜集、观察并能将值得记载的东西记录在博物学当中。"

同时，亨斯洛教授还告诉达尔文，这次考察可能是一次没有薪水的考察，但舰长是个热情精明、忠于职守的人，也是个要求非常严格的人，如果推荐去的只是个博物学家而缺乏绅士风度、没有情趣，他也不会要的。所以，他劝达尔文赶紧与皮柯克教授联系，以便能争取到这次外出考察的机会。

在信的末尾，亨斯洛教授还告诉达尔文：

"这次航行预期需要两年，如果能带上足够的书籍，你喜欢做点什么都可以。"

这种可能改变达尔文职业生涯的事情，自然让达尔文激动万分！至于是否有薪水根本不重要，愿望的实现才是最令他开心的。

达尔文又拆开另外一封信，巧的是，这封信刚好是皮柯克教授的信。在信中，皮柯克教授也极力推荐这次航行，并且又夸赞了舰长一遍，说达尔文一定会与舰长相处愉快，还能学到很多知识。他也告诉达尔文，这次航行是没有薪水的，但政府可以给他正式委任以及他所需要的各种科研设备。

看了这两封信，达尔文的激动之情难以言表，他马上将两封信给父亲看了，并表示愿意接受邀请。

看完信后，父亲罗伯特也为儿子能得到亨斯洛教授和皮柯克教授的赏识而高兴，但他还是像往常一样坚持自己的看法，认为航海对达尔文这个未来的牧师来说是不合适的。

"虽然这是件让人高兴的事，但我坚决反对你从事这种不计后果的冒险活动。而且我可以明确地告诉你，我不同意你去。"

达尔文突然从兴奋的巅峰跌入了失望的低谷。这时达尔文已经21岁了，完全可以自己做决定了，但他一向是个孝顺的儿子，对父亲真诚的爱让他不能采取过激的做法。而且他也清楚，如果违背父亲的愿望，父亲一定不会给予他经济上的支援。无奈之下，他只好忍住内心的痛苦，于8月30日给亨斯洛教授写信谢绝了邀请。

但是，罗伯特医生还是给达尔文留下了一线希望。

"如果你能找到任何一个有见识的人同意你去，"他说，"我就答应你。"

这句话让达尔文重新燃起了希望之火，他忽然想起了乔赛亚舅舅。乔赛亚是个兴趣广泛的人，也热爱博物学，并与许多科学家都是朋友。

达尔文想，也许舅舅才是父亲心中那个"有见识的人"。第二天一大早，达尔文就带上两位教授的推荐信，骑着马来到舅舅乔赛亚的庄园。

"你父亲这样做是没有道理的，"在达尔文详细地向舅舅叙述了事情的经过后，乔赛亚说。"你说他怕这次航海会妨碍你成为牧师，但我认为，它对这个职业不仅没有影响，反而还有好处。我现在就给他写一封信，把我的想法告诉他，看他如何表示。"

乔赛亚很清楚，外甥达尔文是个好奇心强、渴求知识、热爱科学的年轻人，这次科学考察对他来说是一次千载难逢的好机会，如果错过了，对达尔文将会产生负面的影响。于是，他马上提起笔给罗伯特医生写了一封信，信中明确表达了他支持达尔文去航海的意见，并对罗伯特医生的反对理由提出了不同的意见，然后马上派仆人带着信和达尔文一起回家，将信呈给罗伯特医生。

罗伯特医生一直对乔赛亚这位内兄怀有深深的敬意，当看到乔赛亚的信后，对乔赛亚在信中提出的合乎逻辑的理由也作了让步。他将乔赛亚的仆人打发回梅庄，并带去简短的回复，称自己收回之前的反对意见，赞同达尔文去航海。

见父亲改变了主意，达尔文简直兴奋得不知所措，对舅舅和父亲充满了感激。

"你这次恐怕还要花掉一大笔钱吧？"罗伯特医生问达尔文。

"您答应给我的数目就已经足够了，爸爸。"达尔文回答说，"而且上了'贝格尔'号后，我就是想方设法花掉那些钱都难呢！"

"听说，你的花钱本领很神奇呢！"父亲笑着讥讽他说。

听了父亲这句话，达尔文不好意思地也跟着笑了。

（三）

在得到父亲的同意和支持后，达尔文便开始重新规划这次航海计划。就在这时，一个意外的消息传来：菲茨罗伊舰长来信说他已经找到了一位可以一起进行航海考察的博物学家。

这突如其来的消息让刚刚从失望中脱离的达尔文再次陷入绝望的境地。到底菲茨罗伊舰长为何会改变主意呢？达尔文马上去询问亨斯洛教授和皮柯克教授，可他们都不知道。眼看航行就要化为泡影，达尔文很不甘心，他不想失去这次得来不易的机会，决定亲自到伦敦去弄清楚这件事。

当达尔文从剑桥到达伦敦的车上刚一下来，就受到了菲茨罗伊舰长热情的欢迎。舰长说：

"你来的可正是时候啊，现在我们的船上就需要你这样的人。"

舰长的话让达尔文再一次一头雾水。他忙问：

"您不是已经找到一位合适的博物学家一起航行了吗？"

"哦，是的是的，事情是这样的；在亨斯洛教授向我推荐你后，你没有及时与我联系。出于任务的考虑，我又找了一位朋友来担任这一职务，他也同意了。可就在刚刚我收到了他的信，说他有职务在身不能出行了。而现在，你又来了，这简直就是天赐之缘啊！"

这戏剧性的一幕让达尔文又惊又喜，他马上表示自己非常愿意随"贝格尔"号去考察，并坦诚地告诉菲茨罗伊舰长，去南美考察一直都是他的心愿，即使没有薪水也无所谓。

就这样，达尔文重新回到这次环球考察的任务当中了。

不过菲茨罗伊舰长告诉达尔文，这次航行的航线还没有最终确定，政府原打算是用三年的时间在南美海岸勘察完成，然后原路返回。但菲茨罗伊舰长打算改变一下，从南美洲西海岸横渡太平洋，经新西兰、澳大利亚，再跨越印度洋，绕过非洲，进入大西洋，最后返回英国，其实就是环球一周。这样势必会延长航行的时间，因此舰长问达尔文，是否能够接受这么长时间的海上旅行？

达尔文自然不会反对，因为他一直都希望能够环绕地球旅行，现在这个梦想就要实现了，他正求之不得呢！

接着，菲茨罗伊舰长又让达尔文去拜访一下贝福特舰长，因为"贝格尔"号航行的全部安排都由他决定。见到贝福特舰长后，达尔文才明白，自己其实已经成为"贝格尔"号上的一名正式成员了。

随后，达尔文便写信给家里，将自己在这里的情况汇报了一下，并让家里为他准备衣服、鞋子、书籍和一架新的望远镜。

1831年9月11日，达尔文跟随菲茨罗伊舰长一起到普利茅斯德文港去看"贝格尔"号的装修情况。这是达尔文第一次见到贝格尔舰。

看到船的第一眼，达尔文就失望了，他开始觉得父亲的担心是有些理由的："贝格尔"号是一艘双桅的小军舰，船身虽然是用坚实的桃木做的，可经过10年的航行如今已经破烂不堪了。

贝格尔舰的改造工程很大，不仅要将破烂的船身换了，还要把甲板加高，增强船只的抗暴风雨能力，同时还要对桅帆进行改造，安装最新发明的避雷装备等。这样一来，出航时间就要拖延。达尔文的心情再次陷入低谷。

贝格尔舰原定是12月27日起航。既然还有些时日，达尔文便决定把这段时间好好利用一下。他首先列出了一份航海必需的购物清单，但菲茨罗伊舰长告诉他没必要带太多的东西，只需带几件必需的衣服和物品就够了，不过他却劝达尔文花60英镑购买一箱手枪，称没有手枪是无法上岸考察的。

这让达尔文有些为难，最后他还是花了50英镑买了一箱非常好的背枪和一箱手枪，还花5英镑买了一个望远镜和一个指南针。

12月24日，在贝格尔舰起航的前三天，达尔文带着圣诞礼物去拜访了舅舅乔赛亚，和舅舅一家告别。表姐埃玛这时已经成长为一个非常漂亮的姑娘了，对埃玛满怀柔情的达尔文很想马上向她求婚，可一想到自己马上就要远航了，让埃玛等待自己对她实在不公平。但他还是希望埃玛能明白自己的心意，因此临走前对埃玛说：

"我估计要离开两年，你能等我吗，埃玛？"

埃玛含着眼泪点了点头。只是当时的达尔文没想到，自己这一走就走了5年。在埃玛5年的等待中，达尔文整整环绕地球一周。

第六章 "贝格尔"号起航

　　我在科学方面所做出的任何成绩，都只是由于长期思索、忍耐和勤奋而获得的。

——达尔文

（一）

　　1831年12月27日这天，东风吹拂，阳光灿烂。上午11点钟，"贝格尔"号舰艇正式起锚出航了，达尔文新的科学生命也随之开始了。

　　此次出行的"贝格尔"号上正式成员除了舰长菲茨罗伊和达尔文外，还有尉官、医生、军官、水手长和见习水手等。这是一次十分富有意义的旅行，破旧的"贝尔格"号舰艇也会因为19世纪最伟大的生物学家查理·达尔文而被载入历史史册。

　　贝格尔舰以每小时七八海里的速度在海上飞速前进，在驶出普利茅斯湾后，便驶入巨浪滚滚的比斯开湾。这里风力很强，浪花也大，贝格尔舰在海浪中开始颠簸着向前行驶。第一天，达尔文平稳地度过了，可从第二天起他就开始晕船，感到头痛欲裂，胃里像用棍子搅动一样难受，直想吐。

　　一旦感觉快支持不住时，达尔文就用毛巾捂住嘴，快速跑到位于尾舱外面的厕所呕吐。可吐两次后，胃里就再也没什么东西可吐了，他还是很难受，还是想吐，吐不出来就只能干呕。

达尔文原本打算在航行中认真研究地质学和无脊椎动物，因此在航行中他在船尾设置了一张网，用来捕获水中的各种生物，然后将捕获的生物进行鉴定，再一一登记。他还准备解剖一些特殊的水生动物，绘制成解剖图。然而晕船的痛苦让他根本无法工作。同舱的人告诉他，第一次出航的人一般都会遭受这种罪，只要撑过这段时间就没事了，即使经验丰富的老船员也会感到难受。

看到同伴担心的样子，达尔文苦笑着说：

"请放心吧，我一定不会半途而废的，否则，将来我在坟墓里都不会安息的。"

但在内心深处，他真有点怀疑自己能否坚持到底了。他在给父亲罗伯特医生的第一封信中，就描述了晕船的痛苦：

"我以为自己真的快死了。一阵阵的呕吐太痛苦了，那滋味让我感觉不是肠子就是胃被撕裂了！"

第三天，风势开始减弱了，船摇摆得也不那么厉害了，菲茨罗伊舰长来看望达尔文，询问他的身体情况。达尔文不敢说出实情，怕舰长将他赶下船，所以告诉舰长自己感觉还行，就是稍微有点头晕恶心。

下午，菲茨罗伊舰长让达尔文跟他到甲板上，让他看甲板上的一堆灰尘。达尔文挣扎着来到甲板上，菲茨罗伊舰长指着甲板上的一堆灰尘问达尔文这是什么。

"啊，这是熔岩灰，可惜太少了！"达尔文边说边用手捏起一小撮仔细观察。随后，达尔文摇摇晃晃地准备爬上桅杆，到桅帆顶上再弄一些下来。菲茨罗伊船长不同意，怕有危险，但禁不住达尔文的软磨硬泡，只得同意了他的请求。

达尔文好不容易又从桅帆上弄下一些熔岩灰，然后拿到显微镜下仔细观察。突然，他兴奋地喊道：

"啊，找到了！舰长您看，这些熔岩灰里有很多小生物！"

菲茨罗伊不明白，在这一望无际的海洋上，为什么会有这种熔岩灰，而且里面还有这么多小生物？

经过研究分析，达尔文断定这种熔岩灰是从南美洲吹过来的。可这些小生物为什么不躲起来，而是甘愿被风吹到无边无际的大海上呢？达尔文苦苦思索。

为了帮助达尔文搞研究，菲茨罗伊舰长指定了船上的水手赛姆斯·科文顿担任达尔文的助手。从此，科文顿便成为达尔文的专用助手，并协助达尔文狩猎鸟兽、制作标本、应付杂务等，为达尔文节省了很多进行科研的时间。

（二）

当"贝格尔"号经过马德拉群岛时，达尔文还是晕船晕得厉害，甚至不能到甲板上去看一眼这个群岛。每当晕船厉害时，他要么躺在吊床上，阅读旅行家们描写热带自然风光的书籍；要么就躺在舰长室的沙发上，同菲茨罗伊舰长聊天，以此来转移自己的注意力，让晕船症状减轻一点。整整一周，达尔文遭受的折磨才逐渐消失。

1832年1月5日，贝格尔舰渐渐驶近了达尔文魂牵梦绕的特内里费岛，并缓缓地向圣克鲁斯镇驶去。这个镇上的许多白色小房子在火山岩的映衬下显得十分漂亮，船上的人都纷纷登上甲板，欣赏这美丽的海上风光。达尔文也和大家一起到甲板上远眺，洪堡笔下那引人入胜的美景马上就要变成现实了。

就在这时，从圣克鲁斯驶来一只小船，船上的一位官员宣布，欧洲此时正流行霍乱，"贝格尔"号必须隔离12天。在此之前，任何人都不能上岸。

这个消息让贝格尔舰上的每个人都大失所望。尤其是达尔文，比船上的任何一个人都要失望和沮丧，以至于在他的《航海日记》中连说"倒霉"！

隔离也就意味着船上的所有人都要无所事事地在船上度过12天，这不符合菲茨罗伊舰长的性格。因此他下令马上张帆，向佛得角群岛驶去。

达尔文恋恋不舍地告别他心中向往的目标——特纳里费峰。它在初升的阳光照耀之下，被大片大片的白云笼罩着。达尔文将他从正在远去的贝格尔舰上看到的特纳里费峰上的曙光称为"是我永远不能忘记的许多令人神往的日子中第一天的曙光"。

前往美洲的旅程就比较风平浪静了，达尔文也渐渐适应了海上的生活。他对自己说：

"我现在要开始工作了。"

于是，达尔文继续每天将他的小拖网从船尾放到海里，让船拖着网在大西洋中前进。航行一段时间后，他再将网拉上来，这样就能捞到不少海洋生物。

每次捞上这些东西后，达尔文都会将它们倒在一块破旧的帆布上，以免弄脏甲板。达尔文捕获最多的海洋动物是水母，也有一些极小的甲壳类动物，还有许多海洋浮游生物。一次，他拿起一只喷水海鞘刚准备观察，忽然被海鞘喷了他一脸的水，周围看热闹的船员见状都一阵大笑。

达尔文将这些从海里捞上来的动物都一一分类，然后放进小玻璃瓶中，再倒上亨斯洛教授教他配制的防腐剂。在每一个瓶子上，他都贴上标签，并写明标本发现的地点，再把每个瓶子的编号记下来。这些工作虽然枯燥琐碎，但却让达尔文感受到了海上生活的愉快和趣味。

在这段时间中，达尔文与菲茨罗伊舰长的友谊也逐渐加深。他们每天一起交谈，一起吃饭。达尔文的真诚坦率和全身心投入工作的态度使舰长增加了对他的好感。不久，船上的人就开始称达尔文为"同舰长一起吃饭的人"了。

（三）

1832年1月16日，"贝格尔"号在佛得角群岛的一个四周荒芜的圣地亚哥岛停了下来。达尔文开始还有点担心自己对洪堡所描述的、他曾经为之赞叹不已的热带风格感到失望。这时，船上的水兵都陆续下船去考察海水的流向了，达尔文和助手科文顿也背着背包，拿着地质锤，准备爬到山上去收集岩石标本。

他们一上岸，走进长有罗望子、芭蕉树和棕榈树的河谷时，就听到不熟识的鸟儿在啼叫，看到各种新奇的昆虫围绕着新开的花朵飞舞。达尔文顿时就高兴得热血沸腾，他感到此前所受到的所有艰难和折磨都是值得的。

一路上，达尔文不顾天气的炎热炙烤，兴致勃勃地拿着地质锤东敲敲西打打，然后将各式各样的石头都敲下来放进背包。不一会儿，他们的背包里就装满了各种各样的石头，背包带深深地勒在达尔文的肉里，他浑身上下都被汗水浸透了。

看到继续吃力找石头的达尔文，助手科文顿不解地问：

"达尔文先生，这些乱七八糟的石头究竟有什么用啊？"

"你看,这些石头都是有层次的,每层石头中都有着不同的贝壳和海生动物遗骨,它可以告诉我们不同年代的生物,因此都是很有价值的地质资料!"达尔文喘着粗气说。

科文顿总算明白了一点儿,他十分佩服达尔文的钻研精神,赶紧从达尔文的身上接过背包背在自己身上,以便达尔文可以更容易地收集石头。

当天晚上,达尔文就将白天收集来的石头都贴上标签,写下收集的经过。在考察过程中,达尔文还根据物种的变化思考着一系列的问题:自然界的奇花异草、人类万物到底是怎样形成的?他们为什么会千变万化?他们彼此之间有何种联系?……这些问题在他的脑海中日渐深刻,并逐渐使他对神创论和物质不变论产生了怀疑。

在这里,达尔文还将英国著名地质学家查理士·莱尔所著的《地质学原理》的基本思想运用到圣地亚哥的地质考察上。他发现,莱尔的基本思想要比当时流行于美国的灾变论者们的地质学思想更优越。当时他想,他将对他所要访问的各国地质情况都进行分类管理,并将其整理成一本书。这个想法让达尔文高兴了好一阵子。

接下来的几天,达尔文都在这个光秃秃的平原上四处游览。这里到处都遍布着一堆堆晒焦了的岩石。几天的游览让达尔文收获颇丰,他已经被这里热带大自然的新颖完全吸引住了。这里的一切都给他留下了很深的印象。

贝格尔舰在圣地亚哥停泊了三周,在这三周当中,达尔文制作的标本有鸟类、昆虫类和海洋生物类等。有时,达尔文会连续几天坐在船舱中观察研究这些生物,就连吃饭都要助手给他送进来。

达尔文收集的标本越来越多,他必须不断地将标本寄回英国亨斯洛教授那里。这些标本很杂乱,有植物的叶子、树枝,有小昆虫、小鱼,甚至有苍蝇和老鼠。每次达尔文都小心翼翼地将这些标本整理好寄回去，还经常写信询问亨斯洛教授对这些标本的看法，而亨斯洛教授的回信通常都要几个月甚至一年才能收到，因为贝尔格舰经常难以预知自己停泊的地点。

在大多数情况下，亨斯洛教授都会对达尔文寄给他的标本给予很高的评价，但有时他也会抱怨有些标本发了霉、变了质，根本找不出它的本来面目。这让达尔文有些难堪，甚至有些无奈。

后来，贝格尔舰还靠近了大西洋中一个不为人知的小岛——圣保罗岛，达尔文对这个荒无人烟的小岛又进行了考察。在这里观察岩礁上的鸟粪层形成的特别稠密的浮渣过程中，达尔文再一次表现出了他的独特求知欲。

这个小岛上有两种鸟：管鼻鹱和燕鸥。它们根本不怕人，你甚至可以用地质锤打它们。达尔文还发现一个有趣的现象：雄性的管鼻鹱总是会为配偶衔来一些小鱼放在巢旁。而当达尔文将雌鸟从巢旁赶跑后，马上就会出现几只大蟹将巢旁的小鱼偷走，有时大蟹还大胆地掠走小鸟。

这个有趣的发现触动了达尔文：原来生物之间存在着如此奇特的生存斗争。

（四）

1832年2月，"贝格尔"号越过了赤道。在到达巴西之前，"贝格尔"号停泊在一个名叫费尔南多迪诺洛尼亚的小岛旁。

这是一个火山岛，是巴西流放犯人用的，有大约1000英尺高的山峰。岛上覆盖着一片几乎无法通行的森林，各种树木都让达尔文感到惊异：轻巧的椰子树是任何一种欧洲树木都不能比拟的；芭蕉树简直

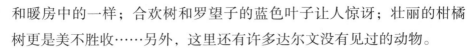

和暖房中的一样；合欢树和罗望子的蓝色叶子让人惊讶；壮丽的柑橘树更是美不胜收……另外，这里还有许多达尔文没有见过的动物。

不论是植物还是动物，都令达尔文认识到了物种的丰富性。他在描述自己置身于热带雨林中的感受时是这样说的：

"如果你的眼睛想要注视某一只蝴蝶的飞舞，可它却落在一棵树上或一个果子上；如果你观察某只昆虫，那你马上就会把它忘掉，因为昆虫正在爬着的那朵不平常的花会将你迷住；如果你想赞美各种壮丽的景色，你就要把注意力集中在独特的景物上，心中充满了赞美的感情，这种感情又形成一种未知的、更加悠闲的喜悦心情。"

2月28日，贝格尔舰在巴西靠岸了，停泊在巴西的巴伊亚市。这座古城位于海湾之上，周围为各种热带植物所环抱，风景极其优美。这里的房舍都是白色的，还有着高大而狭长的窗户。

在这里，达尔文游览了荒无人烟的热带森林。这里好几里内都看不到一个人，安静得让人无法想象。在森林的某些地方，含羞草就像几英寸厚的地毯一样覆盖着地面。当达尔文从上面走过去后，就会留下一行脚印。这是由于含羞草敏感的小叶闭合以及色彩变化而形成的。

达尔文还在这里收集了许多漂亮的陆生扁平软体多肠目化石，并对昆虫进行了大量的研究。这里的许多热带大型蝶类引起了他的注意，有些蝶类可以双翅张开成平面在陆地上奔跑，并发出很大的噼啪声。

由于对甲虫的熟悉，达尔文发现，这里的甲虫同美国的甲虫不是同一个科目。因此，他十分认真地收集了这些昆虫的品种。另外，他还发现了许多直翅目、半翅目和针尾膜翅目的昆虫。有时他会因为发现一些以前从未见到的昆虫习性而惊讶不已。

达尔文一共花了两周在巴西内地考察。回到里约后，他就将自己的东西用小船从"贝格尔"号上运往波托弗戈。结果小船在靠岸时被

海浪冲翻了，达尔文的书籍、仪器和其他一些必需品等全部都漂了起来，所幸是什么东西都没有损失，达尔文又花了一天的时间将这些东西晒干。随后，他像往常一样，开始整理在巴西境内考察时所采集的标本和补写的日记等。

在热带地区，传染病是很多的。当时有一种"热病"，死亡率很高，欧洲人从未见过。因此不到半年，水兵就死了三个，达尔文也经受了几次热病发作。有一次他烧得非常厉害，这很可能给他后来的心脏造成了永久性的伤害。这也是达尔文在热带地区所遇到的许多次可能发生意外中的一次。

尽管经历了种种考验和磨难，这次旅行却有一个十分有益的成果，对达尔文毕生的事业产生了无比的重要性。尽管他时时被晕船所折磨，但很快他就发现海上生活对头脑非常有益。对他来说，船舱比基督学院里那些静悄悄的房间更有益于研究学问。他听取了亨斯洛教授的劝告，随身带了一些书，现在可以在船上不被打扰地反复阅读，结果他几乎能背出书中的全部内容。

"我总觉得，这次航行使我的头脑第一次得到了真正的训练和教育。"多年后达尔文这样写道。

7月5日，"贝格尔"号在其他军舰鸣放的友好送别礼炮声中，终于离开了到处都是处女林的热带地区，向南方、向气候温和的地带、向覆盖着草本植物的海岸驶去。

第七章　不平静的航程

无知者比有知者更自信。只有无知者才会自信地断言，科学永远不能解决任何问题 。

——达尔文

（一）

1832年7月25日，经过20天的航行，"贝格尔"号驶入约德拉普拉塔的小海湾。海湾里的水又红又脏，但却很平静。第二天，船停泊在蒙得维的亚海湾。

刚一靠岸，达尔文就赶紧在蒙得维的亚上岸，迫不及待地想要去了解当地的情况。他从城旁的一座小山上放眼望去，只见一片无垠的绿色草原上有一群群被放牧的牛羊。

随后，达尔文向那些远处可以看到的辽阔的沙漠走去。在路上，达尔文向当地的高楚人询问当地是否有什么特殊的动物或植物？

高楚人想了想，回答说：

"这里的鸵鸟很奇怪，总是许多雌鸟集体下蛋，然后叫雄鸟去孵蛋，雌鸟再去别处集体下蛋。"

达尔文继续与助手走进沙漠，花了好几天时间观看鸵鸟下蛋的情

形。经过仔细观察，达尔文终于弄清楚了，他高兴地对助手科文顿说：

"你看，雌鸵鸟三天下一个蛋，一次连续下十几个蛋，总共要一个月。这里天热，隔上一个多月，早下的蛋就会臭掉。所以，它们就集体下蛋，然后叫雄鸵鸟孵，它们再到别处继续下蛋。这样，之前下的蛋就不会臭了。"

弄清事情的真相后，达尔文十分兴奋，因为他很清楚，自己在这次考察中获得了许多以前不知道的知识。

几天后，达尔文又到蒙得维的亚远郊收集标本。在那里，他打死了一只水豚。这只巨大的水豚重达45千克。另外，他还获得了一些美丽的蛇和蜥蜴，并收集了一些他喜爱的甲虫。

9天后，"贝格尔"号离开了拉普拉塔，沿着海岸向南驶去，这样可以便于对海岸进行观察。然而他们沿途却遇到了风暴天气，这种天气一直持续了一周左右。贝格尔舰几次遇到危险，最终驶入了布兰卡海湾。

9月22日，达尔文一行在海湾周围航行。他们来到一个名叫蓬塔阿尔塔的地方。这个地方虽然风景平平，但天气晴朗，海水也很平静。达尔文在这里继续进行考察。

直到10月8日，达尔文都在这里挖掘。他发现了几个含有贝壳化石和骨化石的山岩，接着又在含石灰质较少的岩石中挖掘出一个大型动物的头骨。达尔文花了三个小时才弄出这个与犀牛很相似的动物颅骨，后来还挖出一个巨大的颌骨，并根据其牙齿判断其为大懒兽，为早已确定的树懒科。

让达尔文感到惊讶的是，所有这些挖掘出来的化石都充分地证明了莱尔观点的正确性，而灾变论者的观点是错误的。

随后，达尔文怀着兴奋的心情给亨斯洛教授写了一封信，信中描述了这次的收集品，尤其是有关化石的事，还把这些搜集品寄给亨斯洛教授。

10月17日，贝格尔舰和两只已改装一新的小帆船一起向南进发。两条小帆船由斯托克斯和威科姆分别指挥完成勘察任务，而贝格尔舰则起航驶向蒙得维的亚和布宜诺斯艾利斯，打算在那里再补充些食物，然后前往火地岛。

10天后，经过维修和食物补充后的贝格尔舰离开布宜诺斯艾利斯，向火地岛驶去。

（二）

火地岛位于南美洲的南端，在麦哲伦海峡以南，是一个多山的国家。那里的悬崖上长满了茂密的森林，森林地带高300~500米，积雪地带高度可达1000米。森林里的地上堆满了大量腐烂的小叶植物，脚一踏上就会陷下去。

看到大量已经死去的植物和正在生长的植物交混在一起，达尔文觉得火地岛在一定程度上很像热带森林。

贝格尔舰刚一进入火地岛港口，山上就有篝火点燃了，一缕缕青烟升起来。接着，岛上一处接一处地飘起青烟。火地岛人正在用这种独特的方式相互通知：有外国人来了。

这里的人脸上都涂着五颜六色的花纹，他们以部落的形式生存，很多部落的人都以软体动物为食。男人们经常乘着独木舟出海去捉海豚和鲸鱼，妇女们则潜入水中捉海胆或捞贝壳，有时也坐在独木舟上钓鱼。如果有幸打死一头海豹或找到一头死去的鲸鱼，对他们来说就是节日了。

在火地岛进行考察充满了危险，有些火地岛部落的人对探险者充满敌意，冲突随时都会发生，因此需要处处小心谨慎。

经过考察达尔文发现，这里的动物很缺乏，树林中鸟类较少，爬行动物几乎没有，甲虫、蜘蛛和蜜蜂也很少，但海洋生物却很多，海藻也十分茂盛，海藻丝上还密密麻麻地粘着一层水螅。各种鱼儿在海藻丛中都能找到栖息的地方和食物。

不过，达尔文还是幸运地在火地岛发现了两种奇特的蜥蜴。其中一种身长几米，脚上长着能在水中游泳的蹼。这种蜥蜴可以游到离岸好几百米远的地方。达尔文将它的胃剖开后，发现它们吃的全是海藻。

另外一种蜥蜴正好相反，脚上没有蹼，也不会游泳，只能在陆地上生活，并且跑得相当快。

这两种蜥蜴生活在同一片天空下，却有着完全不同的生活习性。

过了1833年新年后，船员们便乘着两只小船深入火地岛内地勘测。小船艰难地逆水而上，绕过许多悬崖险滩，来到一片河滩地上。舰长命令大家休息进餐。大家陆续上岸后，拴好船，便到河滩边上生火做饭。达尔文和海员们在河滩上散步，欣赏周围的景色。

忽然，对岸冰山上的一块巨型冰块猛地滑了下来，"轰隆"一声落入河里，激起的巨浪向系在岸边的小船扑来。船上装的全是储备的食物和火器。

达尔文见状，奋不顾身地冲上去死死抓住一艘船的绳头，拼命地往河滩上拉。其他人见状，也急忙抓住另外一只船。由于抢救及时，才保住了两只小船，这突如其来的灾难没有给他们造成什么损失。

第二天，菲茨罗伊舰长召集大家宣布：

"为了表彰昨天达尔文先生的英勇行为，我决定将这片水域命名为'达尔文海峡'。这个名字将被载入我们的勘测图。"

2月26日，贝格尔舰驶离火地岛，顶着大风向马尔维纳斯群岛前进。在抵达路易港之后，他们才获悉许多殖民地国家现在都在物色以前的无人岛。而英国占尽先机，抢先占领了这些岛屿。尽管如此，英国住在这个岛屿上的全部居民也只有24个人。

这个岛屿被长在泥炭土壤中的硬草所覆盖。达尔文在这里进行了长时间的观察，发现全岛都没有树木，而海岸边上有巨大无毛的海生蛞蝓属和白色海牛属所产的卵子——它们一次产卵居然达到60万粒，可长大的海牛属动物却十分罕见。

达尔文专门寻找了长大的海牛属，也只找到了7个。要让如此稀有的长大了的海牛属动物保存下来，得牺牲多少卵子或胚胎啊！达尔文对此进行了思考，他认为，一定是这些软体动物及它们的卵容易成为海鱼的美食，因此它们就通过这种大量繁殖的方式来延续后代。这种现象说明，动物也具有适应环境的能力，即适应性。

（三）

几天后，"贝格尔"号又向北驶去，停泊在马尔多纳多。在这里，达尔文离开贝格尔舰搬到小城镇去住了两个月。

在小镇里，达尔文经常外出游览潘帕斯草原。这是一片覆盖着绿草地的草原，放牧着无数的山羊。他每天都在那里进行考察整理，对那里的飞禽走兽和爬行动物了解得很清楚，还收集了80多种鸟类标本。

潘帕斯草原有很多有趣的鸟。当地居民的院墙都是用土筑的，有一种造屋鸟总是将这些薄薄的土墙当成土丘来打洞，给居民带来很大麻烦。土墙很快就被打穿了，可这种鸟似乎没有厚度概念，换个地方接着再打洞。所以，院墙上就被它们打出许多圆窟窿。

有一次，达尔文还看到一种非常奇特的剪嘴鸟，它的嘴部侧面看上去就像一柄裁纸刀，而且下嘴部比上嘴部长一些，与其他的鸟截然不同。这种鸟成群地掠水飞翔，一看到小鱼，马上就用下嘴将其铲起，然后用上嘴夹住，把小鱼吃下去。

在这里，达尔文还捕获了几只鹿，并注意到鹿身上散发出的一股浓烈而又经久不散的气味；他还观察了少量被吓破胆的长着大颚的最大啮齿动物水豚，并特别注意到了在土里乱拱的、具有鼹鼠习性的小啮齿动物吐科鼠，这种鼠总是断断续续地发出哼哼声，有的眼睛都瞎掉了，可能是眼角膜发炎所致，但这并不影响它们的正常生活。

在潘帕斯草原，达尔文还看到了许多奇特的自然景观。在一座沙石小山中，他发现了一种玻璃状的胶质细管，管子的内面光亮平滑，像玻璃一样。原来这是闪电打入沙土后形成的。

当地的居民，包括大庄园主和牧主缺乏知识的程度让达尔文吃惊。达尔文用罗盘确定方向，让他们觉得好像遇到了外星人。他们向达尔文提出各种问题，如：地球和太阳哪个在运动？向南去是更热还是更冷？船上的人为什么天天都要洗脸？等等。达尔文都耐心地给他们解答。

6月末，达尔文带着他这段时间收集来的全部标本回到"贝格尔"号，开始整理从马尔多纳多得到的宝物，并对此进行了简要说明。这时，当他获悉菲茨罗伊舰长准备绕过合恩角转向美洲西海岸去考察时，感到很高兴。

7月8日，"贝格尔"号离开马尔多纳多，在电闪雷鸣之中向里奥内格罗驶去。

里奥内格罗河口位于南美洲东海岸的最南部，居住的都是白人。这个河口屡遭印第安人的侵犯，达尔文在这里见到了几处被印第安人破坏的牧场，还听到一些击退印第安人进攻的故事。

途中，达尔文离开"贝尔格"号，对海岸的地质状况进行了考察，发现有一些巨砾似乎是从遥远的安第斯山脉冲到这里来的，让他感到很惊奇。

随后，他参观了盐湖，观赏了湖上的火烈鸟。从高楚人那里，达尔文还听说有一种鸵鸟新种代替了普通的南美鸵鸟，这种鸟后来被命名为达尔文鸟。它们个子娇小，两腿较短，腿上还长着短短的羽毛，全身的羽毛颜色较深。

达尔文本想去布兰卡港，但却来到了布宜诺斯艾利斯。在那里稍作停留后，他又回到布兰卡港，并于8月24日等来了"贝格尔"号。

次日，"贝格尔"号又向拉普拉诺驶去，达尔文则留下来，步行继续前往布宜诺斯艾利斯。在蓬塔阿尔塔，他收集了许多化石，并至少挖掘出不下5种贫齿类化石：大懒兽、磨齿兽、臀兽、巨树懒等。另外，他还发现了一只披有骨质甲片的大犰狳遗骸，其个头庞大，南美洲的犰狳也无法与之相比。

这些发现让达尔文很感兴趣，因为这些化石与研究物种起源问题有着密切的关系。在这里，达尔文认识了4种现代犰狳，其中有3种都分布在更远的南方，而另外一种是在布兰卡港以北的地方碰见的。因此，在从北到南的旅途中，达尔文发现哺乳动物和鸟类的相似形态都是互相更替出现的。有关这些近似物种的总起源这种想法，时不时地在达尔文的脑海中出现。

在对动物的研究中，达尔文还去过一个绿草如茵的地方。当地的居民告诉他，这里的生态平衡相当和谐完善：野草养活家畜，家畜的粪便又滋养了这里的野草。在附近的瓜尔基亚，他还发现许多如茴香一样在欧洲很普遍的植物，还发现了很多西班牙蓟，所以达尔文据此又证明了莱尔的一个观点：

"人类活动是植物分类的一个重要原因。"

（四）

1833年9月12日，达尔文又返回布宜诺斯艾利斯。一周后，他沿着巴拉那河到圣菲镇旅行。

10月2日，达尔文来到圣菲。这里气候温和，到处都是高高的商陆树，还有一些仙人掌和其他植物的新品种。在这里，达尔文看到了不少新的鸟类。

后来，他沿着巴拉那河到了东岸圣菲巴亚达，开始对那里的地质状况进行考察。他确信，南美洲东岸曾经有一次剧烈的上升。

在动物的遗骸中，达尔文发现了一个巨大的犰狳化石甲壳、箭齿象和柱齿象的牙齿，还有一颗马牙。在途中，他听说了许多关于动物在1827—1830年大批死亡的事，这也解释了他为什么有时能挖到很多被埋葬在一起的动物。

10月12日，达尔文突然感到头痛不适，只好乘坐一只小船返回布宜诺斯艾利斯。沿途路过树木茂密的群岛时，达尔文又看到了许多美洲豹。这种动物在这里特别多，它们锋利的爪子能把树皮抠下来，还经常袭击马、牛等动物和人类。

在布宜诺斯艾利斯没有等到"贝格尔"号，达尔文又赶到蒙得维的亚。11月4日，他在这里等到了"贝格尔"号。但它要到12月初才起航，因此达尔文再次上岸，准备用两周的时间对乌拉圭进行考察。

三天后，达尔文来到了第一个目的地——克罗尼亚·德尔·萨克拉明托。在附近的牧场中，他发现了像狮子狗一样的本地牛"尼阿塔"。这种奇特品种的动物只能进食很高的草类。如果遇到大旱，这些因上唇短而不能吃矮草的动物就会饿死。

此后，达尔文又到了德赛德斯考察。在从德赛德斯返回的途中，他偶然发现了一些古生物残骸，还有这里一些地方的名称，如兽河和巨兽山都表明大量动物都灭绝于此。

12月7日，"贝格尔"号离开蒙得维的亚，往南向巴塔哥尼亚方向驶去。在这次航行途中出现了一个奇特的现象：无数的白蝴蝶向"贝格尔"号扑面而来，水手们都说仿佛"下了一场蝴蝶雪"。

在距离离连得角不远的淡水湖中，达尔文还捞到了海中浮游的活甲虫，其中一部分是淡水栖甲虫，一部分为陆栖甲虫。达尔文认为，应该是有一条来自淡水湖的小河在这个地方流进了海里。

12月30日，"贝格尔"号驶入了好望角，达尔文的面前是一片真正的荒漠。在荒漠的上面，是一片辽阔的草原，还混杂着淡白色泥土的圆形砾石，地面长着棕褐色的草或多刺的灌木丛。

24日这天，达尔文射中了一只羊驼，圣诞节鲜美的大餐总算有了着落。不知不觉间，达尔文已经在船上度过了一年多的时间，他已经成为一个有一定经验的博物学家和旅行家了。

由于不断地搜集研究，达尔文对物质起源这个问题研究得日渐透彻。而且因为发现了许多动物化石以及对其他动物的分布、先前活动迹象等进行了大量细致的观察，让达尔文对莱尔的某些观点也产生了怀疑。当他还只会采集、收藏时，他就已经表现出对科学执著的追求精神；而现在，作为一名成长起来的博物学家，他更学会了怎样去研究和思考。达尔文的思想在此基础上变得日渐趋于成熟。

达尔文小时候喜欢说谎。有一次，他在泥地里捡到了一枚硬币，就神秘兮兮地拿给姐姐，说这是一枚古罗马硬币。姐姐拿过一看，发现这是十分普通的旧币，只是由于受潮生锈，显行有些古旧罢了。姐姐把这件事告诉了父亲，希望父亲好好惩罚达尔文，让他改掉令人讨厌的"说谎"习惯。可父亲却对达尔文说："我怎么能责备你呢？你的想象力真伟大。"

第八章　航海中的危险境遇

科学就是整理事实，以便从中得出普遍的规律或结论。

——达尔文

（一）

1834年1月12日，"贝格尔"号开进了宽阔的圣胡利安港海湾。

这个地区的内陆十分荒凉，大家本来已经十分疲惫，可在这里却找不到淡水，都渴得要命。后来，他们登上一个小山丘远眺，发现距离他们很远的地方有两个闪闪发光的湖泊，可大家都累得筋疲力尽，根本没有力气再去那里找水。如果到那里后发现是两个咸水湖的话，那他们就没有力气再走回来了。

最后，达尔文自告奋勇地表示要单独过去看看，如果有水的话，他就发出信号通知大家。

大家都不安地目送着达尔文，看到他在地图上被人们称为"渴丘"的丘巅之上走下山，走到一个湖边。可他很快就离开了这个湖，又向另一个湖走去，同样很快又离开了。原来，远处的两个貌似"湖"的地方只是盐的堆积物，根本不是湖。

既然没有淡水，这里就不能停留。几天后，"贝格尔"号又重新扬帆，向麦哲伦海峡驶去。

麦哲伦海峡的两岸具有过渡性特征。在这里，巴塔哥尼亚的生物和火地岛的生物混合在一起共同生存着。每个地方的植物都很多，沿途的植物也是随处可见。

2月初，"贝格尔"号停泊在饥饿港。随后，达尔文登上了海拔600米左右的塔尔恩山进行考察。山上树木茂密，海峡里暴风怒号，可山上的树叶却一动不动，随处有堆满了大量腐烂树干的深沟和河谷，人只要一踏到这些树干上就会陷下去。有时想靠一下某些树干，但轻轻一碰这些树干就会变得粉碎。

继续往上走，树木越来越矮小，到了山顶便光秃秃的什么都没有了。站在山顶远眺，周围全是一些不规则的山脉，上面点缀着片片雪迹，还能隐约看到绿里透黄的河谷和一些大海的支流。

"贝克尔"号本来打算去测量火地岛的东湖，但有消息传来说，高楚人发生了暴动。因此，"贝格尔"号只好向南拐，继续测量东火地岛的东岸。

在圣塞瓦斯蒂安港，达尔文看到了一副壮观的景象：无数条口内有齿的抹香鲸正在嬉戏。它们全身跳出水面后，再侧身扣打下去，发出巨大的拍水声，这种声音就像大炮发射的声音一样。

"贝格尔"号绕过位于东火地岛东南端的圣地亚哥角时，陷入了一个又大又危险的漩涡。"贝格尔"号在漩涡中左右摇晃，最后被冲到乌拉斯图岛。

达尔文以前曾在这里碰到过最可怜的火地岛人。这些部落完全处于不开化的状态，相互之间都会被一片荒无人烟的地带或中立地区所隔离，彼此争夺那少得可怜的生活资料，即悬崖下和海岸上的贝壳、鱼类和海豹等。同处于原始状态的人的多次相见，让达尔文开始扪心自问：我们的祖先以前就是这样子吗？我们对他们的手势、动作和表情的了解，还不如对家畜了解得多！

2月26日，"贝格尔"号进入他们曾经探过险的贝格尔河。3月初，达尔文和菲茨罗伊舰长在一个晴朗的日子一起参观了朋松布海峡的北部，还参观了付里阿海港。随后，"贝格尔"号又停泊在马尔维纳斯群岛附近的巴尔克里湾。

在这里，达尔文带着两名高楚人，环绕该岛进行考察。他在途中经常碰到一小群大雁和田鹬。而野牛和从前法国人运到这里的马匹却引起了达尔文的注意。他看到高楚人灵活地用绳子套住野牛，用刀刺牛的后腿跟腱，刹那间就将刀刺入牛的脊髓顶端，然后将野牛杀死。达尔文与高楚人一起分享了一顿野牛肉，连皮都烧烤着吃掉了。

达尔文发现，在马尔维纳斯群岛上，野牛在不断增多，而且健壮结实；可野马却在不断退化，许多野马都患上了跛脚病。达尔文认为，马的跛脚病是由蹄子变长引起的。这些都表明，某一类型的生物能比其他类型的生物更能适应新的生存环境。

这次考察是十分艰苦的，因为一开始他们就遭遇了几场夹杂着冰雹和雪的大雨，但高楚人对环境的适应能力很强，能在毫无防风措施的情况下将火吹旺，燃起篝火。后来虽然天气日渐暖和，可随行的马匹却经常滑倒，达尔文的马就滑倒了十几次之多。无奈之下，达尔文一行只好涉水经过海湾进行考察。

（二）

4月7日，"贝格尔"号起锚，向巴塔哥尼亚驶去。13日，它停泊在

圣克鲁斯河。

4月18日，菲茨罗伊舰长带着25名船员乘坐三只捕鲸船，动身沿着圣克鲁斯河上游对该河进行考察。

河谷中都是光秃秃的沙漠，上面稀稀拉拉地长着一些毫无生气的植物和带刺的灌木。在各种动物之中，以羊驼最多，沿途他们还发现许多脖子脱臼和骨折的羊驼骨骼，这是天空中的秃鹫、白兀鹫和地上的美洲狮共同的战绩。灌木丛中还有许多经常受小狐狸追逐的小鼠，它们长着一对大耳朵和一身软软的毛。

此后，达尔文一行又发现了这里的一些新情况。这里的地质情况发生了变化，稀疏的小玄武岩砾石没有了，出现了更坚硬的石块，然后是一整座玄武岩地台，河水穿过它们流动。玄武岩的厚度显著增大。达尔文认为，这是海底上升，河水又找到了另外的通道所造成的结果。

29日，科迪勒拉山脉的一群雪峰出现在地平线上。开始时，达尔文遇到了大量的斑岩砾石。根据地质情况进行考察后，达尔文认为，从前这里可能是一片大海，当时这些斑岩砾石就在浮动的冰块上被冲来了。

5月初，达尔文等人开始返回。至此，对南美洲东岸旷日持久的测量工作终于结束了。5月底，"贝格尔"号第二次进入麦哲伦海峡，经麦哲伦海峡向西岸驶去。

6月8日，"贝格尔"号驶入不久前发现的玛格尔雷纳河，并经马格尔雷纳河来到塔尔那角。那里的岩石、冰雪、风、水都令人生畏。不过到了早晨，覆盖着一层薄雪的萨尔明托山又显露出来，山麓下是一片片阴森的树林和一条条通往海边的冰川。

6月10日，"贝格尔"号又从两大悬崖——东符里岛和西符里岛之间进入太平洋。

经过半个多月的航行，6月28日，"贝格尔"号在奇洛埃岛上的圣卡尔洛斯港湾停泊。奇洛埃是个山峦起伏的大岛，到处都被密林覆盖着，生长着各种常绿树木和热带植物。岛上的居民是具有印第安血统的混血人，使用着最原始的工具开垦那里的土地。他们的主要食物是鱼类、马铃薯和肉类等。

7月14日，"贝格尔"号离开了这个潮湿多雨的地方，于23日到达智利的主要海港瓦尔帕莱索。这个地名原意为"天堂中的河谷"。从阴郁的火地岛来到这里，人们顿时感到心旷神怡，真有一种进入"天堂"的感觉。

智利是安第斯山脉和太平洋之间的一条狭长地带，这条地带又被几条与主脉平行的山脉隔开。几个最大的城市就位于这些山脉中间的盆地中。

一个月后，达尔文开始出发去考察安第斯山脉的地质构造。在西海岸，现代的贝壳在距离海面几百米高的地方出现，有些贝壳在离海几乎有400米高的地方出现。达尔文发现，这些贝壳存在的黑里透红的土壤层原来是海里的淤泥，它里面还充满着微小海洋生物的残存物。由此他断定，这个地方应该有着大规模海岸上升的历史。

达尔文还注意观察了这里许多动物的习性和生活的有趣情形。干燥和荒芜的山岳上的灌木丛中，生活着一种燕科的鸟，智利人都称其为"土耳其鸟"。它总是笔直地翘起尾巴，急速地挪动着高跷一般的长腿，一蹦一跳地从一个土丘跑到另一个土丘。

还有一种燕科的鸟，智利人称其为"塔巴克罗"，意思是遮住后背。这种鸟总是将尾巴弯在背上，然后急速地从一棵灌木跳到另一棵灌木上，还时常发出不同的叫声，十分美妙。

在瓦尔帕莱索停留的数月里，达尔文最高兴的事就是收到了一封姐姐卡洛琳写来的信，信中告诉他一连串的好消息：

第一件是达尔文的名字第一次出现在英国报纸《泰晤士报》上，写的是他将标本寄给亨斯洛教授的事情。不过，报纸却将他和亨斯洛教授的名字都拼错了，达尔文被拼成了"达尔森"，亨斯洛被拼成了"亨尔顿"。尽管如此，达尔文还是非常高兴。

第二件事是伦敦博物馆馆长认真地研究了达尔文寄回去的各种化石，对其价值给予了极高的评价。

（三）

1834年10月，达尔文突然病倒了，躺在床上昏昏沉沉了半个多月才缓过来。病情好转后，达尔文决定对安第斯山脉进行一个月的探险。尽管舰长反对他这样做，因为那里山连山、峰连峰，一共有8000多千米长，人很难闯过去。但达尔文下定了决心，一定要亲自去那里考察。

舰长被达尔文的热情和信念所感动，给他派了两个向导、10头骡子和一匹马，组成了一个登山队。

当他们登上海拔4200米的高峰时，达尔文发现了贝壳的化石。这些曾经在海底爬行的软体动物，现在怎么会升到这么高的山上来呢？达尔文经过研究推敲，确定这是安第斯山逐渐上升的缘故。他认为，脚下的这座高山原本应该是一片汪洋大海。这一重要的发现，也让达尔文对安第斯山形成的历史有了较为清晰的认识。

由于气压的变化，越往高处攀登，空气越稀薄，气候也越冷。每前进一步，都要大口大口地喘气。但最让人苦恼的是，带上去的马铃薯无法煮烂，他们不得不吃下半生不熟的马铃薯充饥。

就这样，他们忍受着难以想象的困难，艰难地爬过终年积雪的地带后，登上了安第斯山的峰顶。

在安第斯山的顶峰，达尔文独自沿着山脊走了约1.6千米，发现了被北冰洋航海家称为红雪的植物。它们是由一种个体极其微小的雪球藻组成。在北极一带，这种藻经常会将雪染成红色。

翻越安第斯山进行考察，达尔文印象最深的是两侧的生物明显不同，即使同一品种之间差别也很大。按照环境条件，两侧几乎都处在相同的经度上，气候和土壤也都差不多，为什么竟然有这样明显的不同呢？

而且，安第斯山脉东坡山谷中的植物和动物，与较远的巴塔哥尼亚的生物非常相像，犰狳、鸵鸟等，都带有潘帕斯草原的动物特征；而达尔文在西侧的智利连一个这样的物种也没发现。

这一切似乎表明，对生物分布来说，山脉造成的障碍要比距离的遥远更巨大。不过达尔文并没有急着下结论，而是将信将疑地将这些问题刻在脑海当中。

经过24天的艰苦考察，达尔文终于穿越安第斯山脉，在通过一片浩瀚的动植物分布区之后，又回到了瓦尔帕莱索。他很清楚，虽然这次考察收获颇丰，但要真正弄清这条山脉的真相，还要经过多年的努力才行。

11月31日，考察队又来到卡斯特罗。这里曾是奇洛埃岛的古都，但当时已经变成一个非常荒凉的地方了，总共也只有几百名居民在这里生活。

在这里，达尔文发现一种很特别的植物，名叫庞克。它的基干有一米多高，长着四五个齿状的圆叶子，直径超过2米，周长也在6米以上。

12月6日，他们又来到南岛圣佩德罗，"贝格尔"号已经在那里靠岸。当其中的两名军官用经纬仪进行测量工作时，这个岛上特有的一种狐狸中的一只便聚精会神地注视着军官们的工作。达尔文偷偷走到

它的背后，用地质锤朝它的头部重击了一下，打死了这只狐狸。就这样，这个岛上特有的狐狸被发现了。

12月10日，达尔文回到"贝格尔"号，并随"贝格尔"号于13日到达了乔诺斯群岛。不巧的是，那里刮起了可怕的"不亚于火地岛"的风暴，船根本无法通行，贝格尔舰只好调头北行。

12月20日，"贝格尔"号停泊在靠近特列蒙特斯角以北的一处海港。海港附近是一座海拔500米高的、形似塔糖的正圆锥形的山丘，十分险峻。达尔文在这里爬上了山顶。他在《航海日记》中这样写道：

在这荒凉的地方，能够爬上一座山的山顶，会使人感到某种不寻常的快乐。只要我总是不安地期待看到某种新东西，这种期待总是落空；而当我有新的打算时，这种期待还总是一定会出现。任何一个人都知道，当我们从高山上眺望展现在我们面前的宏伟壮观景色时，我们心头都会洋溢着胜利和骄傲。而在这些处女般圣洁、人迹罕至的地方，你会联想你可能是第一个站在这座山顶上欣赏风景的人，你的心中还会增添某种荣誉感。

12月30日，"贝格尔"号在特列蒙特斯半岛最北端附近的小港靠岸了。次日，达尔文又爬上了海拔700米的高山，从那里可以清晰地看到由花岗岩组成的科迪勒拉山脉的主脉，花岗岩上还覆盖着一层云母石岩，而云母石岩早已形成了宛若手指一般的雉堞。

（四）

1835年初，"贝格尔"号围着特列蒙特斯半岛港湾绕行一周，途中他们看到许多海豹。还有一些海燕、海鸥在海上飞来飞去，鸬鹚在水中游来游去，捕捉鱼类。

"贝格尔"号在乔诺斯群岛停泊了一周。达尔文发现，这个岛上的树木更像火地岛上的树木；此外还有许多苔藓植物、地衣植物和小型的蕨类植物。在西海岸群岛，泥岩形成的过程与火地岛也一样迅速。

达尔文还注意到岛上的两种水栖动物：一种是小海獭，不仅吃鱼类，还捕食一些漂浮的小螃蟹；另一种是长着又大又长尾巴的啮齿动物，有着漂亮的皮毛。

这里还有一种红胸脯的鸟引起了达尔文的注意，它们经常出没在奇洛埃岛和乔诺斯群岛上。由于它们的叫声不同，当地人就认为它们的叫声有吉有凶。

还有一种身体较大、叫声像狗的"吉得吉得"鸟。巧的是，这种鸟与智利中部的土耳其鸟和塔巴克罗鸟有着血缘关系。

1月19日晚上，奥索尔诺火山爆发了。达尔文感到十分庆幸，因为他有机会可以看到这一奇异而又壮观的景色。火山直到凌晨才停止喷发。后来达尔文听说，属于科迪勒拉山脉最大的一个火山在当天夜里也爆发了，它叫阿康卡古山。6小时后，其北部4300千米处的科休古纳火山也爆发了。随之而来的，就是一场巨大的地震。

地震发生时，达尔文正在海边的树林里休息，忽然他感到大地活动起来，树木像是在大风中摇晃，海里也掀起了巨浪，向岸上直卷过来，岸上的一切都被海浪卷走了。海水像沸腾了一样，散发出一股强烈的硫黄味。

地震结束后，达尔文观察到，地震使海岸上升了大约60—90厘米，有些岛升得更多。因为前些天居民要钻到海底才能捞到贝壳，而现在在离地面几米高的岩石上到处都能捡到贝壳。

由地震引发的陆地上升现象达尔文见过很多次了，但这次给他的印象最为深刻。在旅行的几年当中，他对莱尔的某些地质理论愈加坚信了。

3月11日，"贝格尔"号抵达了瓦尔帕莱索。不久，达尔文就再次出发，准备翻越科迪勒拉山脉。在圣地亚哥时他就做好了一切必要的准备。达尔文从平常人们在这里通过的两个山口中挑选了一个最近的山口——波尔季利奥山口，以便在归途中可以更加容易地越过另一个乌斯帕拉塔山口。

3月18日，达尔文带着一名向导和一名赶着几匹骡子的人，好不容易才到达了肥沃的马伊普河河谷。

在科迪勒拉山脉河谷的周围，达尔文发现了一些由砾石和沙土组成的土壤，这些与在南美东岸的情况一样，原因依然是海岸的上升所致。

在攀登科迪勒拉山脉时，达尔文遇到了许多牛群，当地的牧民正把它们往山下赶。向上爬时，植物逐渐减少了，但却能看到一些漂亮的山花，而禽兽和昆虫几乎看不到。

一直到20日的晚上，达尔文才到达耶耐谷。这个谷地形如一口铁锅，有很多石膏，因此也被称为石膏谷地，石膏厚度达1000多米。山脉将许多河流都分成两支，分别流入大西洋和太平洋。他沿着彼乌科涅斯山脉前行，这里的道路崎岖不平，特别难走。在山脉的中部，有红沙层、砾岩层和变为厚石膏层的石灰质的泥页岩，覆盖在巨大的斑岩上。

第二天中午时分，达尔文开始攀登彼乌科涅斯山脉，在这里立即就感到了呼吸困难。同伴劝达尔文吃根葱来克服呼吸困难，但是这种偏方显然没有贝化石有效，因为达尔文在搜集贝化石的时候马上就会"忘掉"呼吸困难。

越接近山顶风越大，达尔文的考察队进入了常年积雪的地带。凭着博物学家敏锐的眼睛，达尔文注意到好像有血迹斑斑的骡蹄子留在雪上的红色踪迹。开始达尔文认为是从周围的斑岩上吹过来的灰尘所造成的。他用雪在纸上一擦，纸面上就留下一种略微带有砖红色的淡玫瑰色的痕迹。后来，他把残迹从纸上刮下来才发现，落下来的是由极其微小的水草微粒体所组成的，它们能够把雪地染成红色。

傍晚，他们只好宿营在两条主山脉中间的一个山地里。翌日清晨，达尔文和同伴穿过中间的谷地，开始第二次攀登第二个主脉，即向位于海拔4000多米的波尔季利奥山脉的山口攀登。这是一次为时很久的极其艰难的攀登。左右两边都耸立着险峻的圆锥形红花岗岩的山丘，下面则是常年覆盖积雪的辽阔的土地。

当天色黑下来后，天空的云块忽然全部消散，一轮皎洁的明月照耀着巨大的群山，山上有一种澄明、静寂的仙境般的感觉。

3月29日，达尔文途径乌斯帕利亚塔山口返回智利。乌斯帕利亚塔山脉在门多萨的北面，达尔文不得不在有些地方长满低矮的仙人掌的荒漠里步行70多千米。这个山脉的地质构造与太平洋海岸的第三季地层相似，达尔文设想这里应该有石化了的树木遗迹。的确，在近2000米的高处，光秃秃的山坡上有几根彼此距离不远的雪白柱子，这正是南美杉科石化了的树木。这一景象让达尔文印象十分深刻。

4月10日，达尔文到达圣地亚哥。几天后，他又回到瓦尔帕莱索。两周后，他决定再到智利北部旅行，预定路线是沿海城市科舍博、瓦斯科和科皮亚波，而科皮亚波这一站"贝格尔"号必须到达，这样就能把达尔文接走。

这一时期，达尔文主要进行地质调查，他最感兴趣的是阶梯形的砾石阶地。这些阶地都证明了是由海水冲刷形成的，并证明了陆地逐渐上升的过程。

6月12日，达尔文终于到达了科皮亚波，可"贝格尔"号还未到达，于是他又去考察了"无人谷"。

7月4日，达尔文登上了"贝格尔"号向秘鲁驶去。8天后，"贝格尔"号停泊了在秘鲁的海湾伊基克港。

当时秘鲁的国家正处于无政府状态，都在争权夺利，达尔文只能十分遗憾地到利马去了一趟。在那里，他仔细地观看了古秘鲁人村庄的废墟、灌溉渠和古墓，这些都让他联想到：在欧洲人到来之前，这里居住的古代民族已具有很高的文化水平了。

第九章　远航归来的英雄

　　如果说我有什么功绩的话，那不是我有才能的结果，而是勤奋有毅力的结果。

——达尔文

（一）

　　1835年秋，"贝格尔"号结束了南美洲西海岸的考察，驶向加拉帕格斯群岛。

　　这个岛屿位于赤道线上，距离美洲西部很远，完全是一些火山岛，岛上有各种大大小小的火山口。由于南极的气流光顾岛屿，使岛上不至于像赤道附近那样经常出现高温。

　　达尔文登上的第一个岛是查塔姆岛。岛上荒无人烟，是一片黑色玄武岩的原野，地势高低起伏，到处都是巨大的裂缝。岛上也没有树木，只有一些低矮的灌木，偶尔能看到洋槐树和仙人掌。

　　不过，达尔文还是在这里见到了两只大乌龟，每只至少都有90千克以上。它们特别能喝水，将喝入的水都储存在心包和膀胱里。在这个荒原之上，两只乌龟在达尔文看来就像是某种有生命的矿物一样。

9月23日，"贝格尔"号驶入查理岛。这里有很多来自厄瓜多尔有色种族的流放犯，居住在将近300米高的一个有几百人的殖民区中。在那里，有碧绿而茂盛的植物和黑色的土壤。

10月28日，"贝格尔"号绕过阿尔贝岛的西南端，通过该岛和纳尔伯多岛之间的海面，停泊在阿尔贝岛的邦克湾。

第二天一早，达尔文就上岸去考察那里的一个椭圆形火山口了。在火山口底下，有一个蓝色的浅湖，湖水很咸。沿岸的悬崖上，达尔文还看到许多蜥蜴，呈棕褐色，有一米多长。有趣的是，这些蜥蜴的脚上居然长着蹼，还会游泳。它们伏在高低不平的岩石上，用脚爪紧紧勾住岩石，爬起来十分灵活。它们在水里游泳时也很出色，全身和尾巴都摇来摇去的。达尔文捉到了一只，剖开它们的胃，发现它们吃的几乎都是海中的藻类。

岛上还有不少陆栖蜥蜴，尾巴很粗，但脚上无蹼，也不会游泳，它们都钻在岩石间的洞里。达尔文同样解剖了它们，发现它们吃的是树叶，主要是合欢树的叶子。

通过调查，达尔文发现，这座小岛上居住着一些在其他地方看不到的鸟类、爬虫类和其他生物，它们具有十分独特的特性，这点让达尔文兴趣盎然。

达尔文推测，从岛上的乌龟与其他地方乌龟的差别上看，虽然它们距离相隔很远，但这些生物与美洲生物之间有着明显的亲戚关系。达尔文在当时就得出这样的推测是很不简单的，后来这种推测也得到了证实。

达尔文还在这里搜集了25种鸟类的代表，都是其他地方未发现的。有趣的是，达尔文对其中的13种雀类的嘴巴、体形、羽毛和尾巴等进行比较后，得出这样的结论：这13种不同的雀都是由一种祖先演变来的。

他还收集了185种显花植物，其中有100种是当地所特有的，也有一些是从美洲移植过来的。达尔文认为，大多数的动植物都是当地特有的，它们与智利北部地方巴塔哥尼亚地区的动植物十分相像。

所有这些观察对达尔文进化论观点的形成都具有重大意义。群岛上的动植物情况并非理论家所描述的那样，相反，加拉帕格斯岛上的生物与美洲的形态十分相似；而佛得角群岛上的生物则与靠近大陆的生物相近。据此，达尔文有理由认为，它们都是由一个共同的根源产生的，所以，物种是可变的，也是可进化的。

可是，加拉帕格斯群岛上的基本生物为何会按美洲类型的生物演变而来呢？这让达尔文陷入了深思。

1835年11月15日，达尔文又乘着"贝格尔"号从加拉帕格斯群岛出发，抵达了史上十分著名的塔希提岛。

（二）

塔希提岛森林茂密，景色优美，低地上长满了非常好看的热带植物——香蕉树、椰子树、面包树、橙子树等。在开辟出来的空地上，当地居民还种上了参薯、西洋甘薯和菠萝等。

岛上的居民都很友好，一看到"贝格尔"号，就纷纷划着小船过来要与船上的人做生意。他们还用香蕉、菠萝和嫩椰子等招待船上的人。

两天后，"贝格尔"号就驶离了塔希提岛，向新西兰进发。在浩瀚的太平洋上航行了一个多月，12月19日，新西兰出现在"贝格尔"号的面前。20日，"贝格尔"号驶入了新西兰北岛的群岛湾。

新西兰是个外形柔和、岗峦起伏的国家，被许多海湾切成一块一块的，近处则被许多蕨类植物覆盖，远处是一片片茂密的森林。

第二天，达尔文就继续外出考察了。这次考察并不轻松，因为沿途都长满了蕨类植物和灌木，小河和海湾也不断地截断道路。

12月23日，达尔文乘坐一条小船到了一个名叫惠马特的小地方进行了一次短途旅行。这里土地肥沃，有火山土壤，蕨类植物生长旺盛。在茂密的树林中，达尔文还看到了高大的贝壳杉松。这种树干高达七八米，上下都一样粗，树干极其光滑。树林十分茂密，几乎没有什么鸟生存。

12月25日，达尔文在纳西亚村度过了圣诞节，第二天又坐着小船沿卡瓦河逆流而上，访问了好几个村子，还查看了当地的一些石灰岩，随后返回到"贝格尔"号。

30日，"贝格尔"号离开新西兰驶向悉尼。

1836年1月12日，"贝格尔"号到达澳大利亚，停泊在悉尼港。当天晚上，达尔文就在城里散步。

休息了几天后，1月17日，达尔文乘小船渡过了尼比翁河，不久就到达了蓝山脚下。蓝山是超出海滨低地的一座砂岩高地，从高向下看，下面是一片辽阔的森林，风景秀丽。

达尔文离开高地，穿过芒特·唯古图里亚通道，来到一个树木稀少、绿草茂密的地方，在边区的一个养羊场停了下来。在这里，他想捕捉几只袋鼠，但没捉到，只捉到了一只家鼠。他还看了一些白鹦鹉和一些其他的鸟，不过最让他感兴趣的还是古生物鸭嘴兽。

鸭嘴兽是单孔目哺乳动物，与爬行动物相似，怎么会在澳大利亚保存下来了呢？多年后达尔文弄清了其中的奥秘：原来澳大利亚与其他

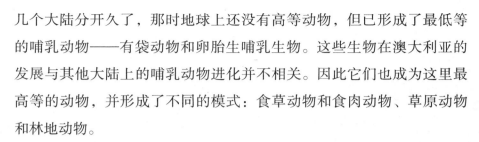

几个大陆分开久了，那时地球上还没有高等动物，但已形成了最低等的哺乳动物——有袋动物和卵胎生哺乳生物。这些生物在澳大利亚的发展与其他大陆上的哺乳动物进化并不相关。因此它们也成为这里最高等的动物，并形成了不同的模式：食草动物和食肉动物、草原动物和林地动物。

1月30日，"贝格尔"号离开悉尼港，驶向塔斯马尼亚，并在这里停留了10多天，达尔文主要在这里研究当地的地质状况。

3月6日，"贝格尔"号又来到了澳大利亚最西南角的乔治王湾，在这里停留了8天。这里是让达尔文感到十分无聊的地方，因为这里的植物贫乏而单调，没有任何有意义的地方可以考察。

4月1日，"贝格尔"号驶入基林岛和它封闭在内部的圆形礁湖。礁湖湖水清澈，水底是洁净的白沙。礁的四周长满了茂盛的植物，将湖水映衬出一片碧绿色。

基林岛的附近有许多小岛，达尔文登上了其中的一个小岛。在这里，他观看了居民是如何坐着小船捕捉海龟的情景，达尔文在日记中十分激动地记录了当时的印象：

　　……我很难解释，为什么这些珊瑚岛的外侧海岸景象总是让我感到极其伟大。在这类似壁垒的岸边，在这绿色的灌木丛和高大的椰子树边缘，在那大片紧实的、到处都散布着巨大碎块的死珊瑚岩上，最后还有在那从四面八方袭击来的巨浪中，包含有多少纯洁的未被人涉足的地方。大洋将它自己的波浪抛送到宽阔的珊瑚礁之外，就好像一个不可战胜、强大无比的敌人一样。可是眼前可以看到，人类仍旧可以用一种方法来抵挡它，甚至去攻击它。虽然这种

方法起初看起来好像是软弱无力而不中用一样……

在岛上，达尔文搜集了大量的蜘蛛和昆虫，还有一只蜥蜴、一只沙雉和一只麻鹬。这里还有许多寄居虾爬来爬去，树上还落着一些海鸟、热带鸟、燕鸥等。

4月6日，达尔文还考察了西岛。这里的植物比其他地方要多一些，干燥的陆地上有一些进食椰子的陆地椰蟹。达尔文仔细地观察了它们吃椰子的情况，并进行了记录。他还观察了两种蓝绿色的鱼经常咬破珊瑚并以珊瑚为食物的情形，观察了许多生活在珊瑚礁中的无脊椎动物。

这次考察，形成了达尔文关于珊瑚岛起源的著名理论的初稿。

（三）

1836年4月29日清晨，"贝格尔"号绕过毛里求斯岛北端，沿岸是一片倾斜的平原，上面有甘蔗种植园。岛中央耸立着几座高山，尖尖的山顶，山上满是树木，风景不错。

"贝格尔"号从南边绕过马达加斯加后，在纳塔尔附近抵达非洲海岸，在非洲海岸附近比较辽阔的地带航行，一个月后停泊在斯蒙斯湾。

第二天，达尔文就到了距离斯蒙斯湾20海里的卡普什塔德特。这里有幼小的苏格兰云杉林和低矮的、叶子发黄了的橡树林，这些云杉林和橡树林都散发着一阵阵秋天才有的树木气息，让怀念祖国的达尔文倍感亲切。

6月4日，达尔文雇了两匹马和一个年轻人做向导，进行了一次路途较长的旅行。在这次旅行中，达尔文了解了非洲南部的植物、土壤、地质构造以及动物化石群的某些标本特征等。

中旬，"贝格尔"号驶离了斯蒙斯湾，7月8日到达了圣赫勒拿岛。在这个岛上停留的四天中，达尔文从早到晚在岛上漫游，考察这个岛上的地质构造。岛上90%的植物都是从英国移植来的，可英国人只运送了一些鹧鸪和野鸭来这里，所以岛上的鸟类和昆虫都少得可怜。

这里曾生长过森林，但被16世纪初运到这里且繁殖很快的山羊和野猪毁灭了。这种情况还影响到了软体动物的生存。达尔文发现，在岛上有8种陆生软体动物只剩下了空壳，埋藏在土壤中。这些软体动物是由于森林被毁灭而灭绝的。

7月中旬，"贝格尔"号到达了亚森松岛。在高低不平的黑色熔岩表面上，耸立着一个个红色的被切断的圆锥形山丘。这些红色山丘的中心还围绕着一个最大的绿色山丘。

第二天，达尔文就登上了这个海拔800米的山丘。上面十分荒芜，个别地方有些绿草，上面有牛羊放牧。山丘上还有许多家鼠。

在这期间，达尔文收到了妹妹凯瑟琳的信。信中说地质学家赛奇维克见到了父亲，告诉他达尔文将在科学家中占据显要的位置。这让达尔文感到很愉悦，能得到赛奇维克这样的大地质学家的赞赏，那可是件了不起的事啊！

由于"贝格尔"号测量的材料和确定经度存在一些矛盾，菲茨罗伊舰长认为在回英国前应该彻底弄清这些问题，因此下令"贝格尔"号又向西、向南、向西，又向巴西方向驶去。这让思乡心切的达尔文和船员们都非常沮丧。

8月19日，"贝格尔"号终于离开了巴西，达尔文顿时心情大好，他终于可以向回乡的方向前进了。

　　8月底，"贝格尔"号在普拉亚港停留了4天，然后又继续行驶，于9月20日抵达亚速尔群岛。第二天，达尔文在一位向导的带领下，到这个岛的中心进行了一次旅行。那里有一座活火山，附近的景色、植物、昆虫和鸟类等，都令达尔文觉得很像威尔士山上的一个地方。

　　9月24日，"贝格尔"号到达圣米卡艾尔西岸。在这里，"贝格尔"号将直接向英国方向起航。

　　1836年10月3日，"贝格尔"号在英国海岸的法尔茅斯靠岸，达尔文和船员们历经5年的环球旅行后，终于回到了祖国，这让他们都感到兴奋和激动。

　　当天夜里，尽管下着大雨，但达尔文还是告别了陪伴他5年的菲茨罗伊舰长、全体船员和载着他游历的贝格尔舰，乘坐马车向家中赶去。10月5日，达尔文回到了什鲁斯伯里。他5年的航海冒险生涯就此结束了。

第十章　归国的后续工作

谈到名声、荣誉、快乐、财富这些东西，如果同友情相比，它们都是尘土。

——达尔文

（一）

1836年10月5日，达尔文回到什鲁斯伯里的家中时，一家人正在吃早饭。这时，达尔文推门走了进来，并用相当响亮的嗓门喊了一句：

"爸爸，我回来了！"

正在吃饭的罗伯特医生愣了一下，接着抬头仔细看了看门口的年轻人，原来回来的正是离家5年的儿子查理·达尔文！

罗伯特医生赶紧放下碗筷，站起来快步走过去拉住达尔文，激动地说：

"啊，查理！原来是你回来了！快，快进来，站在门口干吗？"

没等他的话音落下，早就看见哥哥进来的凯瑟琳一把提过了达尔文手中的提箱。

"来来，快坐下吃早饭，你是刚刚下船吗？"罗伯特医生高兴地问道，边说话还边不断地打量着这个让他日思夜想的小儿子。

在达尔文外出旅行这几年中，罗伯特医生已经逐渐承认了这样一个事实：让这个儿子当牧师显然是不可能了。但他时常会接到达尔文取得惊人科学成就的好消息，这也让他感到安慰。看来，这个年轻人不久就能使他著名的祖父相形见绌了。

不过，罗伯特医生却没有料到儿子外表发生的惊人变化。在出行前，达尔文是个面色白皙、活泼愉快、稍微有点胖的年轻人；而现在归来的达尔文经过将近5年的海上漂泊，已经消瘦得近乎憔悴了。他的脸被热带的太阳晒成了棕褐色；头发有些稀疏甚至出现了秃顶，这让他高高隆起的前额更显眼了；鼻子与嘴巴之间出现了深深的皱纹；眼睛的神采也大都消失了。这一切变化让他看上去要比实际年龄苍老得多。

尽管如此，家人还是对达尔文的归来感到由衷的高兴，就连仆人都为少爷的平安归来而高兴。全家人为了表示祝贺，将罗伯特医生在家中不许饮酒的规矩都打破了，一个个都高兴地喝起了庆祝酒。就连平时滴酒不沾的罗伯特医生也因为高兴而小酌了一杯葡萄酒。

狂欢了一整天，晚餐过后，罗伯特医生将儿子叫到自己的书房，他想问问达尔文今后有什么打算。

达尔文告诉父亲，对于未来他还没有仔细考虑，但他心中隐约有个愿望，那就是想献身科学。

达尔文说，自己这次回来后要做的事情很多，比如要将从考察中带回来的大量标本进行分类整理和描述，还要利用在旅行中所写的日记出版贝格尔舰环球考察记，还要研究大量资料写论文，等等。

罗伯特医生看着一讲起这些就眉飞色舞的达尔文，心里也感到由衷地高兴和自豪。乔赛亚说得对，达尔文是那种很执著的孩子，只要他认定的事，就一定会坚持到底，而自己这个做父亲的更应该支持他。

回到家休息几天后，达尔文给菲茨罗伊舰长写了一封信，询问舰长

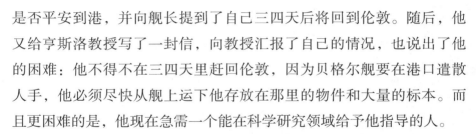
是否平安到港，并向舰长提到了自己三四天后将回到伦敦。随后，他又给亨斯洛教授写了一封信，向教授汇报了自己的情况，也说出了他的困难：他不得不在三四天里赶回伦敦，因为贝格尔舰要在港口遣散人手，他必须尽快从舰上运下他存放在那里的物件和大量的标本。而且更困难的是，他现在急需一个能在科学研究领域给予他指导的人。

就这样，达尔文在家待了几天后就又匆忙地向伦敦赶去。

（二）

1836年10月14日，达尔文在哥哥伊拉兹马斯的陪同下赶到了伦敦，但得知贝格尔舰要18号才会开来，于是达尔文就想利用这几天的时间去拜访一下亨斯洛教授。他有许多问题需要与亨斯洛教授沟通一下，比如如何处理他在航海期间寄存在剑桥及即将从贝格尔舰上卸下的大量采集品，还想听取一下教授关于他今后工作计划的意见和建议。

15日下午，达尔文去拜访了亨斯洛教授。教授见达尔文平安回来很高兴，盛情地招待了他。

休息了一会儿，达尔文便问亨斯洛教授：

"教授，目前我遇到的最关键问题就是怎样尽快把这5年来的考察资料和标本进行整理。眼下，贝格尔舰马上就要入港了，我必须尽快从上面卸下那几千件标本和岩石样本。还有，之前我寄存在剑桥大学的标本也同样需要整理。这将是一件很繁琐的工作。"

"你说得对。这样吧，达尔文，你暂时先住在我这里，我们慢慢商量下一步该怎样处理这些物品。"

就这样，达尔文在亨斯洛教授家中暂住下来。每天，他们都讨论一些标本的事情。最后，亨斯洛教授建议达尔文将动物标本和那些采集

品放在伦敦处理比较好。：

"英国那些比较好的科研团体都集中在伦敦，伦敦有动物学会博物馆和大英博物院，还有一些知名的动物学家，他们肯定很愿意接受你这些标本。而你的那些岩石样品，完全可以放到学校里，因为我本身就是个矿物学教授，而且在剑桥还有许多地质学教授。即使是我不明白的地方，他们也会一起来帮忙研究的。"亨斯洛教授用十分肯定的语气对达尔文说。

达尔文觉得亨斯洛教授说得很有道理，便接受了教授的建议，将这个建议当成工作中第一阶段的计划。

10月20日，达尔文从剑桥返回伦敦。一周后，达尔文从停泊在格林尼治码头的贝格尔舰上卸下了自己5年来所有的生活用品和环球考察最大的收获——标本和岩石采集用品。

接着，达尔文便开始坐着马车四处拜访，希望有人能收藏他的标本并进行研究。然而，事情并不像亨斯洛教授估测的那样容易。达尔文的植物标本很受植物学家的关心，但那些出航前聘请达尔文做通讯员的动物学会却对那些动物标本十分冷漠，甚至对那些未经研究和命名的标本丝毫没有兴趣。在他们的博物馆中塞满了那些常见的标本，动物学家们还经常对各自研究的东西进行争吵。他们都忙于自己的事，根本没人愿意看达尔文送来的东西。

达尔文还到大英博物院去打探过，可最终达尔文并没有将自己的标本送到那里。因为他认识的一位植物学家告诉他，几年前也有一批从出航的船上带回的标本被送到博物馆，可根本就没被展出过，据说这些东西后来都被扔在了储藏室里。

达尔文可不想让自己花费5年时间辛苦搜集来的标本被白白浪费掉，因此也放弃了大英博物馆。

经过达尔文的四处奔波，最终有些人表示愿意收藏他的标本了。通过这些人的影响，一些之前称忙于研究的人也开始向达尔文询问起标本的事来，他们都纷纷表示愿意对达尔文带回来的标本进行整理和研究。

这让达尔文非常高兴，自己的努力终于没有白费。而动物学家们通过对这些标本进行研究，也陆续发表出一些关于生物学方面的论文。其中，不少论文都提到了达尔文和他所采集的标本，有些标本还用达尔文的名字来命名。这对于从事自然科学研究的人来说，可是一种莫大的荣誉。

随后，很多生物学会的会报上也陆续刊载关于达尔文采集的标本的文章。一时间，这些学会的会报简直成了达尔文个人成绩的专版。达尔文这次环球考察的科学价值逐渐得到了科学界的肯定和赞赏。

不过，达尔文根本无暇顾及这些评价与赞扬，因为在处理完动植物标本后，他还有更重要的事要做。首先要做的，就是整理他5年来所收集的各种地质资料和采集样品。

（三）

达尔文本来是打算在剑桥住几个月，在那里开始自己的工作的，可后来他不得不到伦敦去。因为在伦敦，那些专家们对他旅行期间搜集来的动物资料进行研究时，只有达尔文在场的情况下才能进行下去。

幸运的是，达尔文在伦敦认识了许多博物学家，其中包括著名的地质学家莱尔。早在达尔文还未回来前，莱尔就已经迫不及待地等待达尔文的归来了。当"贝格尔"号还在新西兰时，莱尔就写信给赛奇维克说：

"我盼望着达尔文的归来，我希望你们能尽早让他过来。"

由于达尔文的许多观点都是从莱尔的观点上发展起来的，而莱尔的许多观点又得到了达尔文的证实，因此，两个人之间的作用可谓相辅相成。在交往中，他们也很自然地成了朋友。莱尔对达尔文非常热情，对他的计划既关心又支持，想想当时莱尔曾遭受神学家们的仇视、反对和排斥，而达尔文却又热烈地拥护他的思想，也就不足为奇了。

不久，在莱尔的推荐和支持下，达尔文被选为地质学会会员，接着他又被选为动物学会会员。

1836年12月初，达尔文又返回剑桥，在那里度过了冬天。在这里，他打算检查完他的地质搜集品。开始他住在亨斯洛教授家中，后来为了方便，他在剑桥大学基督学院中租了一间房子住下来，进行研究。

在亨斯洛教授的推荐下，达尔文又认识了著名的结晶学和矿物学家米勒教授。在他的指导和帮助下，达尔文开始专心整理和研究自己带回来的岩石、矿物标本和地质材料等，并开始着手整理《一个博物学家的考察日记》。

在剑桥期间，白天他都是与米勒教授在一起，仔细地研究分析和鉴定带回来的标本，而一到晚上，就会有一些朋友来到达尔文的住所，大家一起喝酒聊天，这在很大程度上影响了他的工作。因此，他在给家人的信中写到"丰盛的宴会和其他的诱惑"使剑桥成了"一个不太好的工作地点"。

这年冬天，达尔文又在动物学会上作了《关于美洲鸵鸟》的简短报告，在地质学会上还作了《关于智利海岸线新的上升》的简短报告。

第二年，达尔文在整理完自己的地质和矿物标本后，又来到了伦敦，住在伦敦大马尔波罗大街，一直住到9月。

在这期间，他的主要工作是整理考察日记。菲茨罗伊舰长已经出版

了他的旅行著作，但达尔文在日记中却并没有像菲茨罗伊舰长那样遵循时间顺序来写，而是将注意力放在对访问国的描写方面，其中包括各种动物的生活方式、地质考察和风土人情等。

在考察日记整理完毕后，达尔文再次考虑起物种起源的问题来。他在伦敦专程拜访了莱尔教授，通过与莱尔教授的交谈，达尔文的理论观念得到了更深层次的提高。他觉得，自己也应该像莱尔教授一样，论述观点之前应先收集好充分的事实，然后再加以证实。

此后，达尔文开始广泛地收集相关事实，并与一些有经验的专家保持着密切联系。1837年7月，他开始着手准备第一本物种起源方面的著作写作。

其间，他又作了两次地质报告，一个是关于《南美洲的巨漂砾》，另一个是关于地震的。两份报告都受到了地质界的高度关注和重视。

另外，在莱尔教授的帮助下，达尔文还收集整理资料，写就了《"贝格尔"号的动物学》一书。不过，这本书中的统计表和插图制作都是需要钱的，所幸的是达尔文得到了政府的补助金1000英镑。

本来一切都在按照原计划进行着，可到了秋季，达尔文的身体却出了状况。他时常感到头晕、眼花，肠胃也不好，这不仅严重影响了他的工作，而且这种病症此后一生都伴随着他。

关于达尔文的病因，可谓众说纷纭。有人说是由于他在未出海前在德文港心悸引发的，也有人说是5年的航海晕船折磨所导致的，还有人说他是在瓦尔帕莱索染上了病菌……

不管何种原因引发的病症，达尔文现在都必须放下工作休息一段时间。他打算利用这段休息时间去梅尔看望舅舅乔赛亚一家。

在一次宴会上，达尔文恰好和一位美貌的女士坐在一起。女士以戏谑的口吻说："达尔文先生，听说您断言，人类是猴子变来的，我也属于您的断言之列吗？"达尔文彬彬有礼地答道："当然喽！不过，您不是一般的猴子变的，您是由一个长得非常迷人的猴子变来的。"

第十一章　幸福的婚姻

不要因为长期埋头科学，而失去对生活、对美、对待诗意的感受能力。

——达尔文

（一）

达尔文从考察回来后，就一直忙于整理搜集回来的各种标本和资料，每天都忙得团团转。他生怕浪费宝贵的研究时间，在这事业刚刚起步之时，每一分每一秒都显得相当重要。

然而有一天，达尔文收到一封家信后开始坐不住了。信中说二姐卡洛琳与表哥乔赛亚要结婚了。就是这封信，让达尔文开始心烦意乱起来。

原来忙碌的达尔文内心其实正在经历着事业与爱情的痛苦煎熬。在紧张忙碌的时候，他的大脑中都是标本和资料；而一旦坐下来休息，他就会不由得想到舅舅乔赛亚家的表姐埃玛。

达尔文与埃玛已经彼此倾心很长时间了。在双方的家中，不论是达尔文的父亲和姐妹们，还是乔赛亚舅舅家中的哥哥姐姐，大家也都很清楚达尔文与埃玛之间在相互爱恋着。达尔文在出海前，也曾征求过舅舅的意见，尽管当时埃玛心里很不愿意让达尔文出海，但她也深知达尔文的个性。

达尔文走后，埃玛每天在家中盼望着达尔文能早些归来。每次达尔文来信时，她都抢先看，每次都要看好几遍。从达尔文的信中，她不仅了解了达尔文的旅行和考察生活，还感觉自己好像跟随在达尔文身边一样，经历着他所经历的一切。

回到家后，达尔文在家中休息几天后本来想去探望舅舅的，但被家人出于身体状况考虑劝止了。一直等到他将带回来的标本和搜集品等都处理好了，他才去梅尔庄园看望舅舅乔赛亚和埃玛。

1836年11月12日，达尔文来到舅舅家中。如果埃玛天真地认为，达尔文一回来马上就向她求婚的话，那她肯定会大失所望了。达尔文这次来，每天只享受打猎的闲暇和乐趣，只字未提向埃玛求婚的事，这让埃玛很难过。

事实上，达尔文也很想向埃玛求婚，之所以一直未表露心迹，还是因为他一直处于事业与婚姻的矛盾之中。他向往婚姻，很愿意有一个情投意合的伴侣和一个幸福的家庭，可又担心这些事情会浪费他的研究时间，让他不能专心地从事研究工作。

另一个原因就是他的经济问题，他还没有一份稳定的收入，结婚后最现实的问题就是经济负担会加重，他不能靠父亲或舅舅的接济来生活。

1837年秋，达尔文又到梅尔看望了舅舅和表姐埃玛。虽然二姐和表哥的婚事刺激了他，但他仍然没提结婚的事。埃玛也很失望，她甚至开始暗暗地埋怨起达尔文来。不过，此时达尔文已经开始正视起自己与埃玛的婚事了。埃玛是个优秀的女孩，多才多艺，美丽贤惠，达尔

文听说梅尔庄园附近的不少有身价的青年都向埃玛求过婚。在达尔文回国前，埃玛就拒绝了两个青年的求婚。

1838年，达尔文成为地质学会会员，开始有了固定而微薄的收入。虽然钱很少，但达尔文还是很高兴，他开始有了一种自食其力的感觉；再加上科学论文的报酬，他开始考虑结婚的事情了。

从1836年到1838年11月的两年多时间里，达尔文到梅尔拜访过多次，甚至身体不舒服的时候也来这里休养，他已经将梅尔庄园当成自己的家了。每次来梅尔，他都会找埃玛表姐闲聊或陪埃玛散步，有时还将新出版的诗集或曲谱送给埃玛。

1838年11月9月，达尔文在工作之余，衣着整齐地来到梅尔庄园作短期访问，并正式向埃玛表姐求婚。

埃玛自然是高兴极了，罗伯特医生和乔赛亚两家人也都欢天喜地。本来看达尔文回来后的表现，他们对这桩婚事都不抱什么希望了。乔赛亚喜出望外地写信给罗伯特医生：

"你我两家本来就有许多纽带，我相信，这一新的结合将会使我们的后代更加兴旺。"

（二）

1839年1月29日，就在达尔文差两周满30周岁的这天，他和埃玛在梅庄教堂举行了隆重的婚礼。埃玛的堂兄，同时也是牧师的约翰为达尔文和埃玛主持了婚礼。

婚礼后的第二天，达尔文就带着埃玛回到伦敦。随后，达尔文夫妇到威尔士度过一个短暂的蜜月。

　　结婚后的达尔文和埃玛搬到了伦敦上高威尔街12号。虽然达尔文并不喜欢住在伦敦，更喜欢僻静的乡村生活，但伦敦是英国的科学文化中心，有众多的图书馆和博物馆，还住着众多的科学家。在这里，他可以获得各种最新学术进展的消息，可以在众多科学学会中与同行们进行学术交流。为了自己钟情的事业，达尔文不得不住在喧闹的伦敦。而埃玛为了支持丈夫的事业，也只好陪着达尔文在伦敦住了下来。

　　开始时，他们对伦敦的喧闹嘈杂还能忍受，时间一长，达尔文的情绪就受到了影响。当天气不好或外面过于喧哗时，他就会感到眩晕、胸闷、头痛，有时甚至暴躁易怒。这时，埃玛总是默默地忍受和照顾达尔文，从不对丈夫表现出埋怨和不满。

　　在达尔文一家搬到上高威尔街后，他被接受为皇家学会会员。由于年纪轻轻便得到公众的承认，所以每天来拜访的著名人士也络绎不绝。来访的客人中不但有科学家，还有一些文人，其中有历史学家麦克林、斯坦厄普和格兰特等。

　　频繁的来客让埃玛应接不暇，可她总是能从容不迫、有条不紊地招待着客人。谁也没有想到，这个时髦、大方的主妇，不久前在梅庄还是一个腼腆的姑娘。她为丈夫的朋友们举行各种简朴而实惠的家宴，得到了许多客人的赞许。

　　1839年12月27日，埃玛生下了第一个男孩威廉。小家伙胖乎乎的，很可爱，为家庭增加了许多快乐，并且他也成为父亲达尔文研究人类表情问题的观察对象。

　　从儿子出生的那天起，达尔文就开始观察小家伙的各种表情，还把有关内容都一一记录下来。达尔文相信，在这样的早期，一些最复杂最细微的表情，也一定会有一个逐渐的和自然的起源。后来，他将对儿子的观察反映在了他的《论感觉的表现》一书当中。

1841年3月2日，埃玛又生下一个可爱的女儿安妮。可是，这个聪明伶俐讨人喜欢的小女孩却体弱多病。

在这期间，达尔文的健康状况也明显地出现了恶化。他经常周期性地感到胸闷、胸痛和眩晕，而且非常容易疲倦。伦敦市中心的环境对达尔文的康复很不利，他想回到宁静广阔的乡村去。可他又不愿多谈自己的病，以免埃玛担心。所以，这次他找了一个其他的借口表达了自己想要搬家的愿望。

"伦敦这种地方不适合儿童的成长，"在安妮出生几周后，达尔文对埃玛说，"我希望孩子们能够在一个健康、广阔的环境中长大。"

"你的意思是——我们应该回去？"埃玛惊讶地问达尔文，"可你的工作怎么办呢？你需要随时与科学界的朋友保持联系呀！"

"我们可以在附近找一找，离这儿几英里的地方也有乡村。"达尔文说。

天文学家约翰·赫谢尔建议他们到泰晤士河的南岸去看看，因为他刚刚在离贝克纳姆不远处买下一栋房子，贝克纳姆那时还是个不足300人的小村庄。

1842年，约翰邀请达尔文夫妇到他位于贝克纳姆的家中作客。刚一到那里，达尔文就被那里的静谧与周围大片的林地所吸引了。

"这里简直像梅尔庄园周围的林子一样，"达尔文激动地说，"可能这里也能找到许多标本来丰富我的收藏。"

这里还有一个优点，就是去伦敦很方便。因为新修的伦敦至克罗伊登铁路在西德纳姆和彭吉都有车站，从那里到贝克纳姆不足3.2千米。

达尔文和埃玛在贝克纳姆地区找了好几处房子，但都感到不甚满

意，大多数都因为房子太小，而且潮湿。后来在7月底，约翰带他们穿过海斯和凯斯顿的农场，来到了偏远的唐村。在这里，他们找到的一处心仪的房子。此后，这里就成为他们一起生活的家——唐恩庄园。

（三）

唐村距离伦敦大约24千米，当时居住着几百人，交通比较方便。1842年9月14日，达尔文和埃玛带着两个孩子和仆人约瑟夫·柏斯劳一起搬到唐村的新居。

达尔文夫妇对唐恩庄园进行了修缮，又请人将周围的杂草和灌木砍去，开辟了花园、菜园和试验地等。从此，达尔文就在这个幽静的环境中专心致志地从事研究和写作，直到去世。除了偶尔短期外出之外，他一生都没有离开这里。也许也正是在这种安静的环境下，他才能够写出许多让他享誉盛名、对后来的科学产生巨大影响的博物学方面的一流著作。

搬到唐恩庄园后，达尔文的健康状况似乎好转了许多，经常发作的剧烈头痛和许多不适也不再出现了，这让埃玛很高兴。

同时在这里，达尔文也给自己规定了严格的作息时间：每天清晨7点起床，在花园散步；7点45分吃早饭；8点半开始工作。他还将一天的时间分成三段来工作：上午8点半到11点半为一个阶段，下午1点半到4点为一个阶段，5点半到晚上7点半为一个阶段，中间休息的时间到花园散步或听埃玛朗诵小说。晚饭后，或听埃玛弹钢琴，或和她下棋，或陪孩子们玩。10点钟上床睡觉。

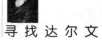

这份时间表除了去伦敦开会、度假或因疾病不能起床外，达尔文整整遵循了40多年。就连达尔文自己都说：

"我的生活过得像钟表一样规则。当我的生命告终的时候，我就会停在一个地方不动了。"

在工作的时候，达尔文不让任何人打扰他。有时怕孩子打扰他的工作，埃玛就尽量带孩子们到外面花园中活动。所以，家中除了她自己和每天早晨打扫卫生的仆人之外，任何人都不能进去。当达尔文工作时，她还要求孩子们在房间活动时都必须悄无声息。

搬到唐恩庄园不久，埃玛又怀孕了。1843年，埃玛生下第二个女儿。这个孩子在受洗礼时取名为亨利埃塔，不过人们都用爱称埃蒂称呼她。

随着名气的增大，达尔文每天收到的信件也越来越多，他不得不花费大量的时间来处理这些信件，尽管这些信中有些根本就是荒谬的理论，甚至是对他的侮辱，但达尔文总是认真地回信。因为他觉得，不论在任何情况下都应该礼貌待人。

有时候，他甚至要花三四个小时来写信，如果有一封没有回复，他就会因深感不安而夜里无法入睡。

事实上，达尔文虽然遵循比较严格的时间规定，可他的睡眠却一直不太好。在达尔文去世后，埃玛曾说：

"我们住在唐恩的前20年中，我相信他从来没有一夜睡眠超过四五个小时的。我试验各种方法让他容易入睡，从热饮料到蛇床子枕头，可都没有奏效。有几位医生朋友建议他服用麻醉剂，他拒绝了，说服用麻醉剂会让他的大脑退化。只是到后来他完成了主要工作，我们一家人能到海滨去度假时，他的睡眠才会好一些。"

　　达尔文经常要到伦敦去出席他所属的各学会会议或去宣读论文，埃玛总是为他担心，担心他的身体受不了。达尔文很难在伦敦待上两个小时以上，回到家时更是筋疲力尽。后来到1845年秋天，他不得不卧床休息两周。

　　这次旧病复发也让达尔文得到了有益的教训。从那时起，他只有在极其重要的情况下才去伦敦，并开始时刻关注自己的健康状况。他时常想，如果有一天他突然死去，那他的理论、他的思想、他的整个准备工作……都将付之东流。天啊！想到这些，他真的不得不好好对待身体了。不过，他仍然会很固执地在病情刚刚恢复一点后就继续工作。

第十二章　建立进化理论

完成工作的方法，是爱惜每一分钟。

——达尔文

（一）

在结婚后，达尔文便继续整理自己的地质论文，尤其是对《珊瑚礁》和《南美洲的巨漂砾和冰川》两篇论文倾注了大量的心血。后来，他又在地质学会作了《关于火山现象之间的联系》的报告。

在收集资料和理论思考的阶段，达尔文一直都在从事着有关物种和变种的研究工作。在1841年1月时，他就给经验丰富的养禽专家福克斯写信，请他将那些杂交生出的鸽子、鸡、鸭等，包括杂交死去的非洲猫的骨骼，都给他寄来，让他进行系统的研究。这些东西在达尔文的眼中都是宝贝，比其他任何东西都有价值。

1841年初，达尔文的著作《珊瑚礁的构造和分布》正式出版了。这本著作具有四大特点：

一，内容的高度概括性，达尔文寻求并找到了最能充分说明被研究现象的内在规律。

二，内容的广泛性，达尔文掌握了研究对象的所有详细资料。

三，达尔文在其中研究并解决了总结时可能遇到的困难，并予以解释，以免给他人留下反驳的口实。

四，达尔文从地质、地貌、动物等全方面来研究，充分地体现了他是一个广义上的博物学家。

尽管达尔文在考察时获得的资料十分有限，对某些问题的解释也有些模糊不清，但广大读者还是对达尔文在此次航行中能够克服各种艰难险阻进行考察的精神表示钦佩。因此对于达尔文的理论和思想，读者也是相信并愿意接受的。

这本书是达尔文理想的开端，同时也是一个辉煌的开端。它出版后，很快就引起了科学家们的注意，尽管其中有些内容驳斥了莱尔的某些环形岛理论。

在1842年的五六月间，达尔文在什鲁斯伯里和梅尔庄园度过了一段美好的日子。在这里，他用铅笔潦草地勾画出一个相当完整的物质起源理论概要。后来，这个手稿被藏在唐恩庄园一个楼梯下面的壁橱里，在达尔文去世后14年才被发现。

在达尔文诞生100周年时，达尔文的儿子弗朗西斯将它加上了自己的注解并出版。要做到这一点其实是很不容易的，因为手稿概要是达尔文在仓促中写就的，而且用铅笔写成，有些地方还经过了涂涂抹抹；再加上年代久远，有些文字已经看不清了。后来《物种起源》的全部章节和基本思想等，都在这个概要中有所体现。

在概要中，达尔文首先提出了人类影响生物的两种方法：一种是外界条件的直接影响，如营养对动物大小的影响；另一种是间接条件的影响。

通过这一概要人们也能看出，在1842年时，达尔文已经建立了自然选择的进化论理论，并将其基本特点也都完全提了出来。只不过当时他还没有同任何人谈论过自己的这一进化思想而已。

（二）

达尔文的祖父曾提出过生物进化的观点，达尔文在很小的时候就听人提过祖父的生物进化思想，但他并没有认真地读过祖父的著作。在航海回来后，他特意将祖父的著作找出来认真阅读了一下，并做了一些摘记。

伊拉兹马斯·达尔文在其所著的《动物规律学》中列举出了物种进化的理由，这些理由包括：

第一，生物在个体发展过程中会发生变态，如毛毛虫会变成蝴蝶，蝌蚪会变成青蛙；

第二，人类能使家畜发生变化，如人会根据需要培育出不同的马、猪、禽类等；

第三，存在畸形的动物及继承畸形的后代；

第四，四足动物、鸟类、两栖动物以及人类在结构上都有着惊人的相似之处。

阅读完后，达尔文又结合自己的考察资料，认为祖父的看法和理论并不完全正确，但他却很支持祖父关于生物进化的观点。

为了能够弄清物种起源问题的思路，达尔文还将目光投向了农业实践中的有关资料。他阅读了大量有关农业的书籍和杂志，研究关于家畜品种和植物品种的著作，还与一些动物饲养家、植物栽培家等保持着密切的联系，从他们那里直接获得培育新的生物品种的例证。搜集来的资料证实，动物和植物在家养的情况下会发生变异，产生新的品种。可新品种是如何培育出来的？它们为何能成为人们所需要的性状物种的呢？

为了真正弄清这些问题，达尔文还亲自动手做繁育动物的实验。他在家里养了一些鸽子，因为鸽子繁殖快，又不需要很大的地方。与一般的养鸽人不同，达尔文将不同鸽子全身每一处都进行了仔细测量，对它们的羽毛颜色、蛋的类型等，都进行了认真分析并作了记录。通过分析研究不同鸽子品种的差别后，达尔文断定，这些不同品种的鸽子都起源于野生的原鸽。

此后，达尔文又研究了其他家养动物，发现它们也同鸽子一样，许多家养品种也是由一个或少数几个野生品种变化来的。那么，它们是怎样变来的呢？需要经过多少代育种才能实现？

后来，达尔文请教了一个养犬人，如何才能得到品种优良的犬？养犬人说，方法很简单，小狗在生下来后，肯定有好的，也有不好的。好的留下来，坏的就宰掉，这样自然就能得到品种好的猎犬了。

同时，他还请教了植物栽培家，情况与动物也很相似，都是通过反复选择、择优而取，最后就能得到人所需要的优质品种了。

据此，达尔文认为，家养动物新品种的形成与人的选择是有一定关系的。从家养动物和植物的育种中，达尔文也得到了他的人工选择原理。这样，他又在向物种起源的道路上迈出了一大步。

接着达尔文又证实，动物的某些器官经常使用，可以增强器官的性能，并能增加它们的尺寸，而不经常使用就会令尺寸缩小。而且，这种变化还是可以遗传给后代的。

但是，仅凭人工选择还不能回到一些复杂的物种起源问题，因为人工选择是将人所需要的保留下来了，让它进一步繁衍，而将不需要的淘汰掉。那么，在自然界中是否有这种保留和淘汰的过程呢？如果有，它又是如何进行的呢？达尔文再一次陷入了深思。

（三）

　　达尔文早前曾阅读过英国经济学家马尔萨斯的《人口论》。在这本书中，马尔萨斯认为，人口总是按照几何级数（2、4、8、16……）增长的，而生活资料只能按照算术级数（1、3、5、7……）增加。所以，当人口扩张到仅能维持继续生存的极限时，就会出现战争、瘟疫、灾荒等。在这种情况下，只有战争、瘟疫、灾荒才能遏止人口的过度增长。

　　"自然用最自由的手，在动物界、植物界散布种子。但育成这种生命种子所必需的场所和营养，自然却给得比较吝啬。这地上含有生命的芽，如果能有充分的食物、充分的场所供它繁殖，几千年后它就会充塞几百个世界。但自然法则的必然性将把这种生物限制在一定的界限内。植物的种类和动物的种类完全都处于这种限制的大法则之下……"

　　当达尔文正苦苦思索自然界是用什么办法造就新物种时，马尔萨斯这段关于人口、动物和植物按几何比率增长趋势的论述让达尔文豁然开朗。

　　马尔萨斯的《人口论》让达尔文开始意识到自然界的生存斗争。在自然界当中，我们随时随地都能看到许多植物结出成千上万的种子来。如果这些种子全部成活，那会是一番什么样的景象？同样，动物也有很强的繁殖能力，如果每一种生物的后代都成活而不被消灭的话，所有的生物就会将地球填满。

　　而事实上，地球并不是这样的，也从未出现过这样的情形。自然界的事实就是：总会有大量动物的卵、幼仔和大量植物的种子、幼芽被其他生物消灭掉。那些尚未成为生命的生物，在化为生命之前就会被当做其他生物的食物而被消灭掉；而当它们出生后，同样会遇到各种各样的敌人。它们需要经过艰难地躲过各种各样的伤害才能存活下

来，并繁衍后代。

所以，所有的生物，不论弱小还是强大，它们的整个生命都处于同敌人斗争的过程当中。

另外，生物的生存斗争还包括同地理位置、气候环境等自然环境所进行的斗争，与同一物种内部所进行的斗争等。所以，自然界的生存条件同人工选择一样，对生物的每个个体都要做出选择要求，符合要求的保留下来，不符合要求的则被淘汰掉。

这就是达尔文发现的自然选择，它与人工选择具有同样的性质和作用。

从1842年到1844年，达尔文一直都在孜孜不倦地从事物种问题的研究。根据研究结果，在1842年所写的概要基础上，达尔又重新写了概要，内容比1842年所写的增加了3倍多，他又仔细地进行了修订，尤其是扩大了有关自然选择、人工选择和生物地理分布等几个章节。

1844年的概要大大地增加了阐述自然选择和人工选择的篇幅。达尔文指出，遗传问题很复杂，并非生物在一生中所获得的一切都能遗传下来。接着他又指出由人类选择种畜的重要性和隔离的意义，即防止同不良个体和品种进行交配的作用。达尔文还指出了采用选择的实际操作者在工作过程中所遇到的困难和细致之处，以及在很多代期间进行育种的必要性等。

随着研究的深入，达尔文越来越感觉到这个问题的重要性，也越来越相信它的正确性。然而，他的结论却与当时绝大多数学者的想法和意见相差甚远。他与一些学者交流过这个问题，但他们都不赞同他的进化论观点。如果现在就出版概要，达尔文清楚，自己一定会处于孤立无援的位置。

第十三章　艰难的探索

我必须承认，幸运喜欢照顾勇敢的人。

——达尔文

（一）

达尔文在考察和研究过程中，与莱尔教授和年轻的植物学家约瑟夫·道尔顿·胡克的通信往来十分密切。

达尔文与胡克的第一次见面是在1839年伦敦法拉特加街的小公园中。那时，胡克还是一位不善交际的青年，正准备跟随詹姆斯·罗斯的舰队去南极进行考察。他的年龄比达尔文小8岁，是著名植物学家、皇家植物园主任W·胡克的第二个儿子。

W·胡克与莱尔教授的父亲关系密切。当莱尔的父亲听说胡克将要去南极考察时，就特地从莱尔那里拿了一本达尔文的《一个博物学家的考察日记》的清样送给胡克。

胡克一下子就被达尔文的《一个博物学家的考察日记》中的内容吸引住了。读完这本书后，胡克对达尔文敏锐的观察力和丰富的博物学知识十分钦佩，他强烈的要求莱尔为他弄一本正式出版的《一个博物学家的考察日记》。

幸运的是，在出航前，胡克拿到了莱尔送给他的刚刚出版的《一个博物学家的考察日记》，并有幸结识了这本书的作者达尔文。

但由于胡克本身不善言谈，因此与达尔文的第一次会面并没有进行太深的沟通。后来经过莱尔教授的详细介绍，达尔文才知道胡克原来是自己的老师亨斯洛教授的女婿。达尔文为自己未能与胡克进行深谈而感到懊悔。

1843年，胡克考察回国。不久，达尔文就给胡克写了一封信，表示希望能早点与胡克会面，并希望胡克能将同欧洲物种近似的那些物种为他做些比较。

同时，达尔文还准备了一些生物种属的地理分布同环境条件有关的问题，打算与胡克进行探讨。这些问题的确定可以为自然选择提供更加广泛的事实根据。接着，达尔文还在信中谈到了他在加拉帕格斯群岛搜集到的植物，希望胡克能关注加拉帕格斯群岛植物区系同圣赫勒拿岛植物区系的比较。

胡克接到达尔文的信后也很高兴，并很快拜访了达尔文。在这次见面中，达尔文将他在加拉帕格斯群岛上搜集的植物都交给了胡克，并告诉他关于独立的岛上一些鸟种和海贝的信息。同时他还告诉胡克，这些鸟种和海贝同美洲大陆的鸟种和海贝有相似之处，请胡克特别注意这些事实并加以研究，是否对加拉帕格斯群岛的植物物种也能作出这样的结论。

接着，达尔文又向胡克指出了同研究各群岛的动物区系有关系的各个作者，并请胡克注意，关于植物是否能认为在世界各地极为普遍的物种数目已经很多？对于这些问题，达尔文都已经深思熟虑过了。胡克是这方面的专家，他希望能得到胡克的帮助。

自从拜访过达尔文之后，胡克与达尔文的交往便日渐密切，书信往来也不断。遇到不同的看法时，他们也各自都能坦诚地表明自己的观点，进行互不相让而又十分友好的辩论。

在达尔文的健康状况恶化后，胡克也是唯一的在唐恩庄园一待就是几天，有时甚至一待就是几周的客人。每次来，胡克都会带着自己的著作，并独立地从事研究。吃完早饭后，达尔文把胡克请到自己的工作室，与他聊上半小时，从他那里"吸收"一些有关植物学和植物地理学方面的知识，有些问题是达尔文在钻研"物种"时积累和记录下来的，但他也会征求一下胡克这个专家的意见。

在达尔文的后半生中，胡克是他最亲密的朋友之一，也是他终生的好友。当然，胡克也成了达尔文进化理论最热心的支持者和最坚定的拥护者。他不仅为达尔文建立进化学说提供了大量的资料，还经常向达尔文提出一些疑难问题和建议，从而帮助达尔文使其理论更趋于完善。

后来，在达尔文的进化理论遭到神创论者的抨击时，胡克和赫胥黎坚定地站在达尔文的一边，捍卫达尔文的进化学说。有了他们的支持和回击，才让达尔文的进化学说逐渐得到科学界的认同与广泛传播。

（二）

1845年，达尔文修改了自己的《一个博物学家的考察日记》，并再次出版。这次修改中，达尔文删去了其中的一些累赘的东西，将"关于气候、冰川等冗长的论述"删掉了一半，同时又增加了一些新的内容，如关于珊瑚礁的起源理论、关于南美古生哺乳动物的形态、关于巴塔哥尼亚高地的地质以及关于动物灭绝原因等方面，都进行了增加或补充。

达尔文将《一个博物学家的考察日记》的第二版先给了莱尔教

授，认为如果没有莱尔教授的《地质学原理》，他是不会取得这么多科研成果的。

就在这时，英国出版了匿名作者的《创造的痕迹》一书，引起了达尔文的极大关注。达尔文之所以如此关注，是因为该书以一种全新的形式阐述了进化的理论思想。

该书的第一部分按照地质时期分别整理了古生物化石的大量资料，第二部分则提出了有机界的自然发展，并根据《创造的痕迹》和古生物学、解剖学以及其他自然科学的对比，来确定这一发展的自然规律。

同时，作者还在书中强调，他不愿与神学作对，也不反对上帝和上帝的意志，只反对上帝"一切都是注定的"这一说法专门参与新物种的出现。他愿意承认上帝是世界上的第一推动力，但他更捍卫科学应将规律作为上帝提出来的主张而加以研究的权利。

该书一出，立刻引起了读者的极大兴趣，但同时也遭到了博物学家的一致谴责。显然，这本书破坏了进化论思想在博物学家中间的声誉。

达尔文充满惊恐地观察着人们的反应。他很担心，未来关于物种的学说是否也会遭到如此严厉的批评？所以，他决定暂时放下正在写的关于物种的书，并推迟了付排和出版的准备工作。正如他给胡克信中所写的那样：

"当时我正处于思维清醒的博物学家的舆论中，弄不好就会声誉扫地。"

况且，当时达尔文的主要注意力已经放在新的著作上了。达尔文在写完南美地质学后，正如给胡克写的信中说的那样：

"出版一些动物学，以后就欢呼胜利！再出版关于物种的书。"

当年在智利海岸时，达尔文曾找到过一个非常值得注意的蔓足目类型的蟹，它钻进另一个蔓足目蟹的甲壳里。后来，达尔文就开始对蔓

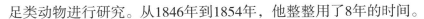
足类动物进行研究。从1846年到1854年，他整整用了8年的时间。

蔓足类，或称蔓足目蟹，是一个极为特殊的动物群体。它们是海生形态的幼虫，对于低级的甲壳纲来说，它们是所谓无节幼虫典型的六条腿浮游形态。这个无节幼虫的身后长了很多小腿，后来便变为蔓足目更为复杂的幼虫，幼虫增加了两片鳞，用它的触须固定在任何一个培养基上，并再次蜕变成为成年的"固定动物"，也就是牢牢地固定在培养基上的动物。

它的躯体上的小腿长成触须一般，"蔓足目"的名称也由此而来，同时用这些小腿将食物划动到嘴里；鳞上还覆盖着几块甲壳，有的类型则好像被小塔一样的石灰质薄片围绕起来。在激浪地带，被大量的胶状物质固定在陡峭的海岸上的海中橡实就是如此。

为了弄清这种蔓足动物的构造，达尔文开始解剖和研究其他常见的蔓足目形态，这也不知不觉地让他有必要重新去研究整个的一类动物。

以前，这类动物在分类上十分混乱，每个学者在对蔓足类分类时，都根据自己的喜好进行；加上这类动物在许多品种和变种变化无常，因此在一些科学著作中讲述的种类也让人弄不清到底属于哪一种。

达尔文搜集了大量的蔓足类动物，以便能进行充分的研究。在他的办公桌上，有一个玻璃瓶子，他经常几个小时地望着瓶子，注视着里面这些动物身上的每一个细小的形状以及每一个器官的活动情况。

通过观察，达尔文发现，蔓足目中的大多数动物都属于两性动物，一会儿是雌性发挥作用，一会儿是雄性发挥作用。它们的固定形态异体受精之所以容易，就是因为浮动的幼虫固定在培养基之上。

经过艰苦的研究，达尔文明白，在确定各个物种和各个变种之间的差别时是多么困难。难怪达尔文后来称变种为"开始发展的品种"，而物种则是"发展完成了的物种"。

比如，他在1853年9月25日在给胡克的信中写道：

> ……对我本人来说，唯一的疑问就是：这种类型究竟是今天正在变异呢，还是昨天已变异了？
>
> ……在把一定数量的类型作为不同物种而加以描述后，我撕毁了手稿，并把这些类型合为一个物种；然后我再次撕毁手稿，把这些类型又分成一些单个的物种；然后，我又把它们合为一个物种（这种事经常发生）。我气得牙齿咬得咯吱咯吱地响，诅咒物种，并且问自己：为什么我要受到这样的惩罚呢？……

（三）

在研究蔓足类动物期间，达尔文经常病倒，患病的次数甚至比他一生中任何时候都多，1845年他在给胡克的信中写道：

> ……我的健康几乎总是老样子，时好时坏。我想，在最近的3年内，我没有一天或者一夜不感到胃疼，而且在大多数日子里，我的体力也无时不在急剧地下降。

在他的病情加剧时，由于各种学术争论需要付出力气，并会引起激动，因此每次外出旅行都会让他感到不安，这也会导致他的身体更加不适，结果他可能需要一连躺上几小时，有时甚至要躺上几天。在这个时期，达尔文的工作时间每周只有两天，而一天也仅能工作一两个小时而已。这既影响了他的心情，又影响了他的研究进度。

到了1849年，有人劝达尔文去进行水疗，称也许能对他的病情有利。因此在这一年，达尔文前往伦敦北方的城市莫尔文的一个水疗机构度过了16周。水疗对他的病情有一定的缓解作用，同时也让他每天的工作时间增加了半小时。

在这个时期，达尔文偶尔还去参加英国科学协会的会议，但并非每次都成功而愉快。在1849年时，他到伯明翰参加英国科学协会会议就非常不成功。因为在会议上"由于长时间的朗诵"而使达尔文感到"精疲力竭"。

然而，比这更大的打击是家中不断发生的不幸变故。

1848年11月13日，多年患中风的父亲罗伯特医生去世了，令达尔文十分悲恸，又一下病了好一阵子。

更为不幸的是，1851年4月23日，达尔文最疼爱的女儿安妮被猩红热夺去了年仅10岁的生命，达尔文忍不住泪流满面。

最终，达尔文用了8年的辛苦钻研换来了长达1083页的《蔓足亚纲》一书，并分类出版。如果从经济方面考虑的话，这部著作出售所得的款项勉强可以抵得上出版所花的费用，但它令达尔文在生物学领域经受住了多方面的严格考验，也弥补了他在青年时期缺乏系统学习和练习的不足。

专心于蔓足目动物的研究，其重要意义首先在于它证实了达尔文提出的进化理论，让达尔文后来无论在细节上，还是在批判地利用各种材料作为理论结论方面，都避免了犯较大的错误。

1853年11月，达尔文荣获伦敦皇家学会皇家奖章。

总之，达尔文在唐恩庄园开始了他一生当中的第二个时期。在这个时期当中，时间就像钟表一样有节奏地过去，使他创作出了许多有价值的、重要的著作。

达尔文到一位隐居乡间的故友家中作客，友人的孩子想趁机逗弄一下这位显赫的科学家。他捉来一只蝴蝶、一只蚱蜢、一只甲虫和一条蜈蚣，取下蜈蚣的躯体，撕下蝴蝶的翅翼，拔下蚱蜢的大腿，摘下甲虫的脑袋，再小心翼翼地拼凑起来，粘合成一只奇形怪状、肢体异样的小昆虫，然后把它放在匣子里，带到达尔文的跟前，问道："这是我在地里捉到的昆虫，您能否告诉我它属于哪一种类型？"达尔文看了一下，随后又向孩子瞟了一眼，笑着问："孩子，你留意没有，在捕捉的时候，它们会不会叫？""会叫的。""既是这样，那它就是一个'叫'虫。"达尔文微笑着回答。

第十四章　达尔文与华莱士

　　脾气暴躁是人类较为卑劣的天性之一，人要是发脾气就等于在人类进步的阶梯上倒退了一步。

——达尔文

（一）

　　《蔓足亚纲》是分卷出版的，19世纪时的习惯就是这样。第一卷于1851年问世，当时正值达尔文的第五个儿子霍勒斯出生。第四卷，也就是最后一卷，于1854年秋出版。

　　当时，这部著作在纯科学界之外并没有引起多大的注意，但它却令达尔文成为一名真正的地质学家和生物学家，而且还成为公认的文笔流畅、孜孜不倦的著作家。

　　在这部著作完成后，达尔文累得筋疲力尽，他第一次感到简直既不能研究也不能写作了。因此，虽然他没有卧床不起，但大部分时间都是躺在客厅的椅子上休息，或坐在花园里看孩子们做游戏。

　　然而，自然选择的问题还时刻出现在他的大脑中，他和埃玛度过了一个短暂的假期后，便又立即着手研究1844年写下的有关这个问题的

115

那些笔记。对这些笔记的认真研究，让他的思想和理论再次向前迈近一步，开始深刻地研究品种和物种。

在研究过程中，达尔文虽然有了一个基本的理论框架，但却缺乏充分的事实证明，因此他还是将很大的精力都投入到搜集事实的工作当中了。到1856年，当莱尔教授和胡克一再建议和催促他开始动笔撰写《论物种》时，他所搜集的资料已经有厚厚的一大堆了。从1837年达尔文所写的第一个物种概要算起，到1856年为止，他为物种起源这个问题所做的准备已经近20年了。而他所整理的笔记，如果只看一遍并进行分类，至少也要一年的时间。

莱尔和胡克之所以催促达尔文赶紧动笔是有原因的，因为就在达尔文埋头搜集大量关于物种变异和自然选择的事实时，远在马来群岛的青年博物家华莱士也在进行着物种起源的研究。

阿尔弗雷德·华莱士于1823年出生于英国一个名叫埃斯科的小城镇，14岁时便开始独自谋生，做过土地测量员、承包人、国民学校的老师等。后来，他迷上了植物学，从18岁时开始收集各种植物标本。

华莱士十分喜欢达尔文所写的《一个博物学家的考察日记》，并认为此书"没有任何累赘，没有装腔作势和利己主义"。他还阅读了《创造的痕迹》，因为他对物种起源问题也颇感兴趣。

1848年，华莱士与朋友亨利·贝茨乘船出发去巴西旅行，并开始了从亚马逊河口到里奥内格河汇流点的游历，在这里考察了4年，收集了大量的标本和资料。

然而不幸的是，他所乘坐的英国船只失火，将他4年的心血全部烧毁。华莱士并未因此屈服，而是在赫胥黎教授的帮助下，顺利地得到了另一次去马来群岛进行长途考察的政府津贴。

1854年，华莱士前往马来群岛，在那里度过了8年，将搜集的大量资料和标本都运送到英国。在岛上的考察，还为他后来的著作《马来群岛：一个拥有猩猩和极乐鸟的地方》及《动物的地理分布》提供了翔实的材料。

当华莱士在马来群岛时，就与达尔文有过书信来往。他根据自己当时的考察和一些文献史料（主要是达尔文的《一个博物学家的考察日记》）得出结论：同一品种的大批动物居住在同一个地方或临近的地方，即"相近性是同地理分布密切相连的"。同时，在古生物方面他也得出结论：同一地质时期或相近的地质时期的生物，以及在同一地区遇到的生物，都彼此非常相近。

经过不断地研究和观察，华莱士给出的总结论是：

"每个物种的出现，在地理上和年代上是同非常接近它的物种和先于它存在的物种的出现相一致。"

同时他还指出：

"物种是按照先前的物种结构形成的。"

由此可见，当时华莱士的理论已经非常接近生物进化理论了。

（二）

1855年3月的一天，《博物学杂志》收到了一封署名为华莱士的论文——《制约新物种出现的规律》。在文中，作者运用了他的地质理论充分说明了生物物种变化的问题。而当时审稿子的人正是莱尔教授。看完稿子后，莱尔明显感到，这位名叫华莱士的科学家正在从事同他的老朋友达尔文一样的研究工作。

　　莱尔担心华莱士会在达尔文之前发表关于物种问题的系统理论，因此他建议达尔文应立刻抓紧时间将自己多年搜集来的资料整理成论文发表出来，否则就可能失去优先权。

　　听了莱尔的建议后，达尔文的心情很复杂。他一向痛恨为争得优先权而从事写作的做法，但如果真有人比他先发表出物种起源的学说，他也一定会感到烦恼，因为那是他历时20多年勤奋搜集、苦心研究的理论。

　　达尔文有点拿不定主意，便写信给老朋友胡克，想听听胡克的建议。胡克回信说，他也持与莱尔一样的观点，希望达尔文能尽早动笔，尽快发表他的理论，即使不能一下子发表整本著作，也应该先出版一本物种理论的摘要。

　　不过，达尔文对胡克的建议也不甚满意，他并不想先出版概要。最终经过艰难的抉择，他放弃了先出版概要的念头，而是仍按照老计划，多花一些时间，写一部有详细和充分证据的关于物种起源的著作。

　　1857年4月底，达尔文在写作过程中收到了一封来信。打开一看，原来是华莱士从马来群岛寄来的。再一看时间，已经是半年前写的了。在这封辗转了半年之后的信中，华莱士询问达尔文是否看过他发表的那篇《制约新物种出现的规律》的论文，并问达尔文有什么意见？

　　达尔文很快就给华莱士回了信，表示自己的想法与华莱士的想法相近，他几乎完全同意华莱士论文上的每个字。同时他也告诉华莱士，自己也正在写关于物种起源和变种的著作，他花了20年的时间来搜集资料。

　　这封信也辗转了很长时间，直到1858年的1月4日才到华莱士的手中。看到达尔文的信，华莱士很高兴。

　　1858年1月25日，华莱士到达安波那岛以北的一个小岛——特尔特纳岛。2月，他患上了严重的疟疾而无法工作，便躺在床上思考各种物种起源的问题，他忽然想起10年前读过的马尔萨斯的《人口论》。其中提到，未开化人群人口数量大致保持不变的原因是战争、疾病、饥荒和灾难等等。华莱士恍然大悟，意识到这些因素同样适用于动植物界。于是，适者生存的概念在他的脑海中马上出现了。

　　他马上爬起来，发着高烧，连花了两个晚上写了一篇论文寄给达尔文。

　　达尔文收到华莱士的信后，心情十分复杂。如果华莱士的论文马上发表的话，达尔文再出版自己关于物种的书，就会被人认为他抄袭了华莱士的进化思想。

　　为避免这个问题，达尔文赶紧找到胡克，商量下一步应该怎么办。胡克看了达尔文的信和华莱士的论文后，惊讶地说：

　　"真是不可思议！如果不是看了华莱士的信，我还以为这篇论文是达尔文写的呢！"

　　莱尔虽然没有看过达尔文的物种理论概要，但对达尔文的进化理论早就熟悉。后来，他和胡克一致建议达尔文：在发表华莱士论文的同时，达尔文也应将自己已经写好的一部分著作发表出来，以证明他在理论形成方面的独立性和优先权。

　　这件事影响了达尔文的身心健康。恰在此时，一件更不幸的事情发生了：他的小儿子因患猩红热而死掉了。这让达尔文感到身心交瘁。

　　最终，达尔文经过一番思想斗争后，写信给莱尔说，他分析了与华莱士观点中的分歧，表达了他想向华莱士证明自己没有剽窃他的理论，并决定他不能发表那部分已经完成的概要，"最初的想法往往是

正确的，而我一开始就认为现在发表是不光彩的"。

最后，胡克和莱尔终于找到了一个折中的方法：将达尔文和华莱士双方的论文一并寄给林耐学会的秘书，同时还提供了达尔文在1842年和1844年所写的随笔中的一些片段，以及1857年达尔文写给哈佛大学教授葛雷的有关自然选择的一封信中的部分内容。而华莱士也同意一起在林耐学会与达尔文共同宣读论文。

在给林耐学会秘书的信中，莱尔和胡克客观而详细地告知了达尔文与华莱士的整个事件。

（三）

1858年7月1日，莱尔和胡克在伦敦林耐学会的报告厅里宣读了达尔文和华莱士的论文。这次宣读达尔文和华莱士都没有到场，因为达尔文的小儿子病逝后，他和家人都还处于隔离阶段；而华莱士更是因为在马来群岛考察无法回来出席。

在会上，胡克和莱尔着重强调了达尔文和华莱士的论文之间的关系。华莱士的论文《论变种无限地离开其原始模式的倾向》是5月份寄给达尔文的，达尔文又将论文转给了莱尔。需要说明的是，华莱士研究的问题正是达尔文研究的问题；而达尔文早在1837年就开始研究物种问题了。1844年，他还写出了物种理论概要。

当莱尔和胡克宣读论文时，会场内十分安静，所有人都被达尔文和华莱士新颖的理论吸引住了。大家都第一次听说关于"生存斗争""自然选择"这样新颖的题目。即使那些一向守旧的学者，在未能摸准有利于他们的攻击点之前，也不敢轻易出击反驳。

1858年8月，达尔文和华莱士的论文以总题目《论物种形成变种的倾向；并论变种和物种通过自然选择的存续》在《林耐学会会报》第三卷上发表出来。但是，这些新颖、大胆而革命性的观点并没有在科学界引起很大的轰动，正如达尔文自己所说的那样：

"我们合作的成果几乎没有引起注意。我记得，发表的唯一一篇有关它的评论是都柏林的霍顿教授写的。他的评语是："论文中所有新鲜的东西都是谬误的，而所有正确的东西又都是陈旧的！""

有一家科学杂志表达了谨慎的观点：

"论文引起的兴趣极为强烈。只是，这个问题太新奇了，它让那些老派的学者们在这种不祥之兆的挑战面前猝不及防。"

经过此事后，达尔文意识到，自己再也不能这样无休止地只搜集资料而拖延物种一书的写作了，他决定立即动手书写这部巨著的摘要，以简明扼要地说明他关于物种的基本思想，并打算将摘要交给林耐学会，在它的杂志上发表。

不过，这件事却促进了达尔文与华莱士的友谊。达尔文对华莱士不畏艰难、执著追求的精神十分钦佩；而华莱士从发表在《林耐学会会报》上的文章，了解到达尔文不为争名夺利而提早发表他的理论，对达尔文也更加敬重。他认为，自己与达尔文相比，显得更像一个毛躁的少年，只有达尔文才是最有能力主持物种起源这个巨大工程的人。

华莱士也是一个非常了不起的人，通过这件事，他主动放弃了成为该学说创始人的想法，将自然选择和物种起源论的建立都归功于达尔文，自己则自称为一个达尔文主义者。

当《物种起源》出版之后，华莱士又极力为之喝彩，称其为"迄今为止最重要的书籍之一"。即使在达尔文逝世后，华莱士也仍然是

"达尔文主义"的积极宣传者和捍卫者。

　　在科学的发展史上，有不少科学家通过各自独立的研究而作出相同发现的例子，比如牛顿和莱布尼茨，就曾通过不同的方法同时发明了微积分，但他们却为争夺发明优先权而相互攻击。但达尔文和华莱士却从相互了解尊重对方的成果而最终成为朋友，共同完善科学学说，这在科学史上是绝无仅有的。因此，达尔文和华莱士这段友谊也成为科学史上广为流传的佳话。

第十五章 《物种起源》的诞生

　　我不能忍受游手好闲，因此，我以为只要我能够做的，我就会继续做下去……

　　　　　　　　　　　　　　　　　　——达尔文

（一）

　　在华莱士事件发生后，达尔文加紧了关于物种一书的写作。根据有关记载，达尔文是在怀特岛上的三塘开始这一工作的。

　　1858年7月20日到8月12日，达尔文虽然感到身体不适，但依然坚持每天工作几个小时。然而，达尔文发现，这个摘要要比他预计的长得多。他已经将说明某些论点的事实限制在最低限度内了，已经不能再压缩了，可仅自然选择的第一章就占据了40多页。

　　达尔文写信给胡克，询问下一步该怎样进行才好。胡克回信建议达尔文将摘要分成几个部分，分别在《林耐学会会报》上发表。

　　虽然达尔文觉得胡克的建议很有道理，但他却担心这样发表会令理论过于分散，读者读起来会觉得理论不完整。

　　果然，当第一部分的摘要在《林耐学会会报》上发表时就遇到了麻烦，编辑不同意这样分散刊载。

因此，达尔文便决定以1856—1858年写的初稿为基础，正式撰写他的物种理论专著。这一决定，推动了举世闻名的生物学巨著——《物种起源》的诞生。

在写作期间，胡克简直成了达尔文忠实的顾问，达尔文几乎每写完一章都要寄给胡克，征求胡克的意见。让达尔文感到高兴的是，胡克看了以后并没有发现许多错误，但却给达尔文提出了许多宝贵的意见。

1858年9月，英国科学协会代表大会在利兹召开。会上，古生物学家理查德·欧文在开幕词中分析了"物种的创造或形成"问题。欧文的发言本来是想调和一下两个对立派之间的观点，因为当时关于物种问题有两个对立的观点存在：一种认为，物种起源是通过创造活动形成的；而另一种观点认为，物种起源是进化的"自然"过程。

虽然会议并没有对两派观点真正达成调和，但却客观上帮助了达尔文的事业。因为欧文的发言是代表大会广大听众所讲的，当时英国最著名的学者和专家都出席了此次大会，大多数学者和专家似乎都接受达尔文的学说。会议结束后，人们简直已经是迫不及待地想要看到达尔文的这部著作了。

到12月底，达尔文已经完成了300多页的手稿，他估计还要再完成150~200页。经过这段时间的写作，达尔文写信对胡克说，还是出版单行本比较好些，毕竟"这个课题实在太大了，不能在任何学会中对它进行讨论"，更何况一些好事者还会"将宗教问题扯进来"。

到1859年3月，达尔文已经写好了关于地理分布的一章。3月6日，达尔文写完了关于分类法、形态学、胚胎学等内容的最后一章。

在即将完稿时，堂兄福克斯听说达尔文的身体状况后，特意写了一封信给他，劝他多注意身体，不要为了名誉而让自己太辛苦。达尔文回信说，堂兄误解他了，他并不是为了什么名誉，而是为了一种试图

发现真理的本能在工作。

达尔文说得很对，在今天看来，达尔文的物种起源学说的确带给他巨大的荣誉；可在当时，否定创世理论是需要承受巨大的压力的。伟大的科学家哥白尼在自己临终前才敢于拿出他否定地心说的《天体运行论》，布鲁诺则因宣传哥白尼的学说而被活活烧死。这些都说明，当时摆在达尔文面前的道路上绝不是铺满了鲜花，而是充满了荆棘。

（二）

在19世纪50年代时，英国的出版商大多数都热衷于文学作品和通俗读物。因此，当达尔文的初稿完成后，便请求莱尔帮他同出版商约翰·莫里先生联系一下出版事宜。为了出版这本讲述真理的书，达尔文不得不进行一些策略的考虑，因为他很担心莫里先生会因为这本书中的一些非正统观点而拒绝出版。

莫里曾出版过莱尔的《地质学原理》，但对是否出版一本关于物种起源的科学论著还比较犹豫。因为科学专著的发行量一般比较小，赚不到什么钱，弄不好还可能亏损。何况，当时莫里并不认为达尔文的这部著作能成为名著，倒是觉得有些过于标新立异。

为了能让达尔文的这部著作得以出版，莱尔以科学史上一些伟大的标新立异的著作，如哥白尼的《天体运行论》、伽利略的《关于托勒密和哥白尼两大世界体系对话》等来劝说莫里，最终莫里勉强答应先印上1250册。

1859年4月初，莫里回信告诉达尔文，他同意出版这本书，然而关于书的标题达尔文与莫里之间出现了一些分歧。达尔文觉得书名应叫《关于通过自然选择的物种和变种的起源一书的摘要》，而莫里却坚决反对叫《摘要》，莱尔则不赞成用"自然选择"这个术语。不过，达尔文坚持自己的意见，并认为"选择"这个名词，畜牧家和一般人都能理解，对他们可以更好地说明家养动物和野生动物的选择原则的共同性。

就在《物种起源》开始排印时，又出来一件事，让该书的出版又差点泡汤。原来，达尔文每写完一章都会寄给胡克看，而胡克将稿子给达尔文寄回时却丢失了一部分。幸好达尔文还留有底稿，否则就会大大延误出版时间了。

6月份，达尔文看到了被陆续排印出来的手稿清样，结果感到非常不满意。因为他发现自己的文笔非常差，需要修改的地方很多。他马上写信给莫里，请求再让他修改一遍。这次修改，达尔文几乎将清样涂得满纸乌黑，还粘贴上许多纸条。

之所以这样不遗余力地注意文笔，是因为达尔文担心这样写出来的东西读者会因为文体的枯燥而影响对进化论思想的接受，那样就会很少有人愿意耐心地阅读它。要想让读者接受自己的理论，他就要将科学真理用最优美、最通俗流畅的语言写出来。另外，他还将校样寄给莱尔和胡克，请他们在事实和证据上为他修改一些错误。

9月初，第一次校样基本修改完了。随后，达尔文打算再用几周的时间修改第二次校样，写完后就去休养看病，因为这段时间他累坏了，身体感到了明显的不支。

1859年10月1日，达尔文校完了该部著作的最后一个样张。从开始写作到最终完成，一共历时13个月零10天。第二天，达尔文就在埃玛和孩子们的陪同下，拖着疲惫不堪的身体到艾克蕾矿泉疗养所进行疗养去了。

1859年11月24日，《依据自然选择的物种起源》（简称《物种起源》）这一伟大的著作正式出版了。

这一天，莫里先生的书店出现了前所未有过的热闹场面：人们都来这里竞相购买这本刚刚出版的新书。长期以来，这些人被达尔文的著作吊足了胃口，现在终于等到著作出版了。在购买书的人当中，有大学生，有园艺家，有畜牧家，有绅士，还有牧师……

不到半天的时间，从印刷厂里拉来的300本书就卖完了，这让莫里先生又高兴又发愁。高兴的是，书店里的生意从未这么火爆过；发愁的是，书马上就卖完了，可前来求购的人还是络绎不绝。他马上吩咐店里的伙计到其他书店去看看有没有多出来的书。伙计跑遍了伦敦的书店，结果都是一样，书已经全部销光了。

在仅仅一天的时间里，1250册书全部销空，而且还不断有人前来寻购。这在当时英国同类书籍的发行史当中可是一个了不起的创举。

（三）

《物种起源》的成功，让达尔文感到有些始料不及。当初他其实只想印几百本，卖给一些专家和学术团体的图书馆作为参考资料，没想到书一出版居然成了畅销书。许多购书者从德国、美国等世界各地纷纷而来，都要一睹达尔文这部著作的真面目。到1862年，该书已经出到第五版，并被译成了三种外国文字。

《物种起源》的畅销也说明当时的人们对于物种起源这一问题还是十分关心的，但是，书的大卖并不代表读者就都能接受达尔文的这一生物进化理论。

在当时的英国，许多受过教育的人都是信仰宗教的，包括绝大多数的科学家在内，都认为《圣经》中的上帝创世说是正确的。因此，

《物种起源》的出版无疑就像一石惊起千层浪。各种人在阅读了这部书以后，都作出了比较强烈的反应，一些学者们甚至竭力论证达尔文学说的荒谬和错误。

在这些反对达尔文的人当中，还包括达尔文的老朋友莱尔。达尔文曾说，《物种起源》的出版离不开胡克和莱尔的大力支持，可是莱尔对书中的主要观点所持的态度并不完全赞同。

莱尔曾在地质学领域点燃了反对旧理论、旧思想的火焰，将地质学从"上帝创造的行动"中解放出来，并向生物学投放了光明。所以，莱尔的理论推动了达尔文向进化论方向的转变，并为胡克与赫胥黎等人接受达尔文的理论铺平了道路。可以说，莱尔是当时科学界中的伟大人物之一。

莱尔认为，在地球上起作用的各种力都是不变的，地球也不是按照一定的规律和方向发展的，而只是毫无联系、偶然地变化着的。虽然他发现了古今物种存在悬殊的大量事实，本来也很容易得出物种变异的理论，可长期以来他一直坚持物种不变论。

因此，当他看到达尔文《物种起源》的校样时，与达尔文在物种是否由上帝创造、物种变与不变、进化过程有无创造力干预等十分重要的问题产生了原则性的分歧。

但是，莱尔的伟大之处在于：他没有凭着自己在科学界的地位去打压甚至扼杀达尔文的这些理论。这可能与他个人的经历也有关，当年他的《地质学原理》问世时，就曾饱受科学界一些学者和神学论者的诘难和压制。所以，虽然《物种起源》中的一些观点与他的《地质学原理》中的一些观点背道而驰，他虽然不完全赞同达尔文的观点，但对达尔文《物种起源》的研究工作还是给予了由衷的支持和帮助，并给予这本书适度的肯定，认为这本书推理严密，论证有力。

另一个曾对达尔文产生过较大影响的人，也同样不赞同达尔文《物种起源》中的观点。这个人就是赛奇维克教授。

赛奇维克教授是达尔文在剑桥大学时期的导师，达尔文的第一次地质考察就是在他的带领下进行的。但是，赛奇维克教授是个很守旧的人，不愿意接受新思想、新理论。当初莱尔刚刚提出他的地质学说时，赛奇维克教授就坚持用居维叶的灾变理论加以驳斥；现在，他曾经的得意门生又提出了生物进化论，甚至还出版了《物种起源》一书，这简直同他信奉的上帝创世说形如水火，他自然是难以接受的。

1859年12月，《物种起源》刚刚出版一个多月后，达尔文就收到了老师赛奇维克的信。在信中，赛奇维克教授说他不能接受达尔文的荒谬观点，认为这本书的出版简直是让人无法忍受的恶作剧，并说达尔文的结论中多半都是错误的。

不仅如此，赛奇维克教授还发表文章公开驳斥达尔文的理论，认为如果按照达尔文的自然选择法则，那就会出现这样的情况：

"人类就会受到损失，人性就会受到摧残，人类就会堕落，堕落的程度比我们在人类史中可以查到的任何一次都要巨大……"

他还在《旁观者》杂志上发表评论文章，讽刺达尔文的学说就像"用一串肥皂泡做成的一根绳子"，指责达尔文头脑腐朽，并宣称自己要同达尔文的进化论斗争到底，绝不停止对达尔文的批评。

赛奇维克批判达尔文理论的文章充满了愤怒、讽刺甚至是嫉妒，让达尔文既痛惜又愤慨。他在给葛雷的信中提到"可怜的老赛奇维克对《物种起源》发出的狂怒"时说：

"我永远不相信宗教裁判者会是一个好人。但现在我知道了，一个人可以火烧另一个人，同时又可以有一颗像赛奇维克那种既慈善又高贵的心。"

达尔文从小就善于观察和思考。有一天，当他穿过一座旧城堡散步时，像平常一样陷入了沉思。他心不在焉地向前走着，结果一脚踏了个空，从城垛上直跌下去——他相信自己这次是必死无疑了，但他的神智却很清楚。在城垛下，他意外地发现了一块怪石，又惊又喜，居然忘记了疼痛之苦……令人惊奇的是，达尔文只是受了一点轻伤。

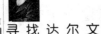

第十六章　牛津大论战

　　人类在道德文化方面最高级的阶段，就是当我们认识到应当用理智控制思想时。

——达尔文

（一）

　　达尔文的《物种起源》用大量的事实，说明了一个令人惊异的事实：

　　生物界是在不断变化的，有着自己的发生和发展过程。现在世界上形形色色的生物都不是上帝创造的，而是"若干少数生物的直系后代"，生物进化是客观存在的事实，且有规律可循。它们从简单到复杂，从低级到高级，不断发展、进化。这种发展和进化不是什么超自然力量干预的结果，而是自然界内部斗争的结果。也就是说，生物的发展和进化并不是由上帝的意志或生物本身的欲望决定的，而是变异遗传、生存斗争和自然选择的结果。

　　在书中，达尔文还对自然界进行了忠实的论述，并提出了许多论据、观察、评论和思考，从而让读者根据这些事实来自己考虑，得出自己的结论。这些大胆、新奇的观点的确让人耳目一新。

《物种起源》的出版，在生物界领域产生了巨大的影响，"达尔文推翻了那种将植物种看成彼此毫无联系的、偶然的、神造的、不变的东西的观点，第一次将生物学放在了完全科学的基础上"。

其次，《物种起源》在博物学界也产生了巨大的反响。除了胡克和赫胥黎外，一些进步的学者，像葛雷、华莱士等，也都纷纷表示拥护这个理论。当然，对这一理论的反对者和抨击者更是层出不穷，除了莱尔和赛奇维克教授外，1859年11月，在《英国科学协会会报》上还刊登了一篇攻击达尔文理论的评论文章。

在这篇文章的一开始，就将问题的焦点集中在"人的起源"这个最困难、最容易激怒人情感的问题上。文中说：

"……如果猿猴变成了人，那么人又将变成什么呢？"

随后，文章又对自然选择进行了恶意的歪曲和攻击，并污蔑达尔文的理论完全是凭空捏造出来的。

这篇文章的用意，就是要挑起那些上帝的信徒们对达尔文发起攻击。

其实，根本不需要再用这种文章挑唆，一些卫道士们早就已经开始对《物种起源》进行攻击了。该书刚刚出版发行，就已经有专门发对达尔文进化论学说的杂志《雅典神坛》出现了。该杂志对达尔文的观点进行了激烈的反驳和恶毒的咒骂，牛津大主教威尔伯福斯甚至率领门徒在英国各地巡回布道，严厉斥责达尔文的理论是异端邪说，"如果像他所说的那样，势必导致没有上帝，而猴子反倒成了我们的亚当了"。道貌岸然的教会首领甚至强烈要求英国当局停止出版《物种起源》。

事实上，大部分的教士根本就没有看过《物种起源》，只不过通过道听途说对其中内容略知一二而已。甚至那些已经将它翻过一遍的先生们，也不能真正理解它的含义。

对于这些攻击，达尔文早就做好了心理准备，因此根本不在意。而让他最心痛的，是身边的一些友人也不断反对和攻击他。著名古生物学家理查德·欧文，一位与达尔文有着20多年交情的老朋友，在《物种起源》出版后也写文章攻击达尔文。他还利用莱尔对达尔文理论的犹豫态度大做文章，故意制造莱尔反对达尔文的假象，并在《爱丁堡评论》上匿名发表故意歪曲《物种起源》内容的文章，阻碍人们接受达尔文的理论。

从出版到引起争论，达尔文与《物种起源》一下子成为当时英国公众关注的焦点，各种报刊和杂志也都纷纷登载评论达尔文和《物种起源》的文章。在这些文章当中，大部分都维护旧有思想而否定达尔文的观点。

然而有一天，在英国著名的《泰晤士报》上却刊登出一篇未署名的文章。

这篇文章一开头就明确提出，人们议论《物种起源》是依据事实还是依据正统观点？如果依据正统观点，那么动植物学家就应该停止他们的所有研究，因为一切都是上帝创造出来的，研究它们有什么必要呢？显然，大多数动植物学家是不会停止他们的研究的。既然如此，就不能将物种起源问题排除在科学研究之外。而对于物种起源思想，只能根据事实来评判，看其能否解释我们周围众多的事实。

最后，文章针对赛奇维克将达尔文的理论说成是"肥皂泡"的攻击，称达尔文的理论不是"吹"起来的，而是肯定地评论说：

"达尔文厌恶抽象的推论，就像自然厌恶真空一样。他对现例和前例的追求正如一个依据宪法行事的律师一样，并且他所提出的一切原理都可以用观察和实验来证实。他让我们跟着他走的那条路，并不是

一条空想的蜘蛛网构成的虚路……"

（二）

达尔文在读到《泰晤士报》上所刊载的这篇文章后，十分高兴。他立即写信给好友赫胥黎，询问作者是谁？

在写给赫胥黎的信中，达尔文称赞该文的作者一定是一位在文学上颇具修养的人，而且认真仔细地读了自己的书。同时，这个人还一定是个知识渊博的博物学家，因为他的文笔和思想十分清晰。达尔文多次询问赫胥黎这篇文章的作者是谁，其实他已经推测出来了，能写出这样文章的人就是赫胥黎。

赫胥黎曾对古生物学进行过大量的研究，并在矿业学校建立了一个地质博物馆，经常给工人们普及科学知识。对于物种起源问题，赫胥黎一直持观望的态度。一方面，他不相信创世论，不相信有所谓的神灵超自然地干预自然界的自然过程；另一方面，他又不相信类型的进化，因为他不能接受进化方式和进化原因的解释，毕竟能证明进化论的证据太少了。

在《物种起源》出版后，达尔文首先给自己制定了三位评判者：莱尔、胡克和对自然史方面提出的每一个新思想都能积极响应的赫胥黎。

后来赫胥黎回忆说，《物种起源》一书给他的印象是：

"……闪电的闪光，突然间为在沉沉黑夜中迷路的人照亮了他回家的路，或者去别的地方的路，但一定是他要去的地方。"

为此，赫胥黎与《泰晤士报》的优秀记者卢克斯共同完成了达尔文所看到的那篇文章：由赫胥黎写一篇书评，再由卢克斯加以润色，并加上几句开场白，然后在《泰晤士报》上发表了这篇文章。这篇文章无疑对提高《物种起源》的声望起到了极大的作用。

但是，卫道士们并不会因为《泰晤士报》发表了捍卫真理的文章就停止对达尔文和《物种起源》的攻击。《物种起源》所激起的波浪还只是刚刚开始，更加激烈的大浪正在酝酿着再次袭来。

1860年6月，英国科学学会在牛津召开代表大会。在这次会议上，达尔文的《物种起源》成为与会者谈论的主要话题。一些从未与达尔文谋面的人，都纷纷向别人打听哪位是达尔文先生。不过，达尔文由于身体原因并没有来参加会议，而是外出养病去了。

达尔文没有料到，在这次会议上，守旧派们再一次对他和他的理论发起了大规模的攻击，反对《物种起源》同捍卫达尔文理论的斗争也从书面的对战发展成为面对面的斗争。

6月28日，牛津大学的英国植物学家多宾尼博士作了报告，题目为《论植物性别的终极原因——兼评达尔文先生的<物种起源>》。文章坚持上帝创世论，反对达尔文的物种起源理论。大会主席亨斯洛教授担心这篇论文会挑起辩论不好处理，便请赫胥黎教授对此发表意见。

但赫胥黎拒绝发言，他认为："大部分听众都过于感情用事，这会影响他们进行理智的分析和判断，所以不可能在他们面前展开科学的讨论"。

这时，欧文教授发言了。他表示愿意从哲学的意义上来讨论这个问题，他相信有些事实能让公众判断出达尔文的学说正确到什么程度。他说：

"达尔文说世界上各种动植物都是从一种简单的原生生物变化来的，还说我们人类是由无尾猿变来的。达尔文这样说有什么事实根据

135

吗？没有。我曾从事过多年的解剖学研究。如果人是从无尾猴猿变来的，那大猩猩的解剖结构就应该同人接近，而不是同有尾巴的猕猴更接近。事实如何呢？大猩猩的脑同人脑的差异远比猕猴的脑的差异大得多，大猩猩的脑明显更接近猕猴的脑。这怎么能说人是从大猩猩变来的呢？事实表明，达尔文先生的理论是不可靠的。"

这时，赫胥黎忍不住了，他站了起来，表示要问欧文教授一个问题。

"您是根据什么说大猩猩的脑同人的脑的差别要比同猿猴的差别大呢？"赫胥黎问欧文教授。

"这是事实。"欧文教授肯定而用力地回答说。

"欧文先生，您说的事实就一定是事实吗？最近我也在对人脑、大猩猩的脑和猕猴的脑作比较。我是学医学的，对人脑的大小、形状等都非常清楚，大猩猩的脑同人脑的接近程度要远远超过猕猴。而且，我有具体比较试验的数据可以证明。我所了解的事实是：大猩猩的脑更接近人脑，而不是猕猴的脑。我不知道欧文先生所谓的'事实'是如何得来的，请您拿出您的证据来。如果拿不出，就不要以所谓的'事实'来断言达尔文先生的理论是错误的，这只能说明您的态度是不科学的。科学要求我们以事实说话，而您这样讲岂不是太轻率了吗？"

欧文没想到，赫胥黎最近正在研究人猿同祖的问题，这让他碰了个大钉子，一下子将自己推入了尴尬的境地。于是，这天的论战赫胥黎赢得了第一回合。

（三）

1860年6月30日，纽约的茨威波特博士也准备在大会上宣读一篇论文，题目为《论欧洲的智力发展兼论达尔文先生的观点》。这天，进化论的反对派代表、牛津大主教威尔伯福斯带着许多教士和保守的学者，准备彻底"摧毁"达尔文的无神论学说。

茨威波特博士的论文并没有多大的吸引力，只宣读了一半，下面就一片窃窃私语声了。好不容易宣读完毕后，威尔伯福斯大主教便走上讲台，对主席亨斯洛教授说：

"主席先生，我要求发言。"

威尔伯福斯是牛津的主教、数学家，对自然史了解甚少。但这位被欧文"塞满"了许多反对达尔文观点的宗教界发言人，妄图用连篇累牍的花言巧语蛊惑人心，控制会场，抨击达尔文。他对生物学根本是一窍不通，对进化论更是极端无知，之所以敢大肆批判进化论，就是仗着欧文"拼凑"给他的那些所谓的根据。

他首先将欧文为他找的"证据"通通列举了一遍，然后又责问道：

"达尔文先生要我们相信所有的动物和植物都是由第一个原生细胞繁衍下来的，蘑菇也是原生细胞，那么是不是说我们生活中的动物和植物都是由一个蘑菇变来的呢？达尔文先生可真会变戏法啊！我们的信仰是上帝赐予我们的，我们怎么能抛弃上帝而去相信达尔文那些没有根据的理论呢？"

威尔伯福斯的演说很吸引人，充满了对达尔文的冷嘲热讽，博得了他那些追随者们的阵阵掌声。

主教此时十分得意，以为自己无知的言论可以击溃达尔文的进化论。这时，他又走到赫胥黎面前，挑衅地说：

"赫胥黎先生，您那么支持达尔文，我倒想知道，您是依靠您的祖父还是依靠您的祖母同无尾猿取得亲缘关系的呢？"

这种无理的、粗鲁的、带有侮辱性的挑衅引起了神学人士和"神创论"人士的哄堂大笑，同时也惹怒了站在过道中的一些大学生，他们觉得主教的语言和行为对赫胥黎教授是一种极大的不敬。大家将目光齐刷刷地投向了赫胥黎，大学生们更是齐声喊道：

"请赫胥黎先生讲话！赫胥黎！赫胥黎！"

赫胥黎镇静自若地站起来，不慌不忙地走到讲台上，语气铿锵地说：

"主席阁下，应大家的要求，我来讲几句。"

"我很感激刚刚威尔伯福斯大主教在这里所作的那篇奇妙无比的演说……至于主教向我提出的问题，不论是侮辱还是嘲笑，我都不介意。我们在这里开的是科学会议，是讨论怎样发展我们的科学事业，清除阻碍科学发展的障碍。而主教先生的演讲充分说明，他关心的不是科学，而是上帝；主教先生的演说也不是在讨论科学，而是在布道，因为他满嘴讲的都是一些无知的外行话，所举的反对达尔文先生的例子更是连一点起码的科学常识都没有！……我不想在这里列举大主教的诸多无知，我要说的是，这样一个对科学无知的人，怎么能参加我们这个讨论科学发展的会议呢？"

赫胥黎的话刚落，大厅里立即响起了热烈的掌声。尤其是那些大学生们，鼓掌鼓得特别起劲。

接着，赫胥黎又用慷慨激昂的声音说：

"主教大人刚刚谴责达尔文先生的理论是愚蠢的，他可能不知道，这一理论是达尔文先生花了22年的时间搜集资料、查阅文献、不断实验后才得出来的。……每一个观点都是有根据的，绝不像某些人没有根据地在这里信口雌黄。只要读过《物种起源》的人都知道，书中到处都可见到确凿的事实，而且那还只是达尔文先生列举出来的极少的

一部分。

"关于人类起源于猿猴的问题，当然不能像大主教那样粗浅地理解。这只是说，人类是由类似于猿猴那样的动物进化来的，而且这也是作为一个科学问题来研究的。而主教先生却完全不以研究科学的态度向我提出问题，只是利用听众的宗教情感对我发难。我觉得，任何一个人都没有理由为他的祖先是无尾猿而感到羞耻。我感到羞耻的倒是这样一种人；无视事实，信口胡说，善于权变，粉饰自己的无知；不安分于自己职业范围内的事，却插足于他一窍不通的科学领域中来。所以，他只能避开辩论的焦点，用花言巧语和诡辩的辞令转移听众的注意力，以宗教的偏见和情感来压倒对方。这样的人才是最该感到羞耻的！"

赫胥黎以平静的语气、充分的说理，有力地回击了大主教，博得了绝大多数听众的好感。他的话音一落，场上便响起雷鸣般的掌声，那些年轻的大学生更是个个喜形于色。原来那些准备讨伐达尔文的人，一个个都缩了回去，谁也不敢再要求发言了。

随后，胡克也上台发言。他只是作了简短的演说，一方面指出威尔伯福斯主教对达尔文著作的曲解，分析这位主教其实没有读懂或根本没有读过《物种起源》；另一方面，他讲述了自然选择可以很好地解释他所研究的植物现象。所以他的结论是：他心悦诚服地接受达尔文的这个理论。

刚才还神气万分的威尔伯福斯主教听完胡克的发言后，再也没有勇气登台答辩了，只好悄悄地离开了会场。这场妄图扼杀达尔文进化理论的论战，最终以科学战胜宗教而告终。

（四）

在牛津的论战结束之后，赫胥黎为了进一步宣扬达尔文的进化学理论，根据自己多年从事动物学、比较解剖学、生理学和古生物学研究的经验体会，利用休息时间在伦敦圣马丁教堂的讲演厅中向工人们通俗地讲解了进化理论。

赫胥黎那广博的知识、通俗易懂的语言以及清晰的表达方式，吸引了很多听众前来。除了工人之外，还有学生、学者、大学教授，甚至马克思的夫人燕妮女士都来这里听他的演讲。

同时，《物种起源》的影响也很快从伦敦蔓延到欧洲大陆和大西洋彼岸的美国。

在德国，著名胚胎学专家冯·贝尔公开表示支持达尔文的学说；弗里茨·米勒写了一本以《支持达尔文》为书名的书，高度赞扬了达尔文的理论和著作；而动物学家海克尔更是达尔文理论最热情的拥护者，1863年，海克尔在出席德国自然科学大会时，直率而肯定地宣称：达尔文主义传播了新的世界观。

在俄国，达尔文的理论也很受欢迎。《物种起源》发行不到两个月，俄国彼得堡大学的库托尔加教授就开始在课堂上讲授《物种起源》和达尔文的一些新观念，并在报刊上发表文章，表示支持和赞扬达尔文的学说。

但在法国，由于受灾变论思想影响，人们对达尔文的理论大多采取冷漠甚至嘲讽的态度。一直到1867年后，才有古生物学家吉恩·葛德利发表论文表示支持达尔文的观点。即便这样，他还是受到了排斥和孤立。

在美国，达尔文的学说同样遭到了强大的阻力。美国著名博物学家阿加西斯甚至专门撰写文章批评达尔文的理论。不过很快，美国就爆发了一场捍卫达尔文学说的斗争。

可以说，到19世纪60年代中后期，《物种起源》的理论已显著占据上风了，一些支持进化论的著作相继出版，达尔文的理论也被广泛传播开来。此后，他便不断获得对他作品的奖励和赞许，世界各地的学院和科学团体也都纷纷颁发给他奖章、勋章等，授予他各种博士、名誉院士、名誉会员等头衔。不过，达尔文对这些东西一向比较淡漠，有几张奖状甚至还遗失了。

教会人士和神学学者们对达尔文理论的态度也逐渐发生了变化，他们在教堂的神坛上虚情假意地说，达尔文的学说并不抵触宗教观念；相反，自然选择的理论与神学是完全相符的。至于以前对《物种起源》的抨击都纯粹是出于误会。他们还散布谣言，称达尔文是个有宗教信仰的人。事实上，达尔文一生对宗教都持一种很复杂的态度，甚至是有些反感的。对达尔文来说，生命将由科学来解释，而非宗教教义。

总之，虽然《物种起源》的出版引来了一次又一次的轩然大波，但它的确成为自然科学史上的一个最为重大的事件，同时也成为19世纪绝大多数有学问的人改造世界观的开始。达尔文相信，物种起源学说终究会为生物学领域带来充满曙光的未来。

达尔文上小学时，有一天，老师给同学们讲了一则寓言：一只鸟儿病了，饿了一天的小猫想吃它，于是戴上口罩穿上白大褂，装扮成医生来到小鸟的家门口。细心的小鸟发现了猫钻出口罩的胡须，没有开门。小猫只好悻悻地走了。接着老师问大家："这个寓言故事告诉我们什么道理？"小达尔文举手说："告诉我们，做一件事要达到目的就必须考虑周密，不留破绽。""不对！"老师皱了皱眉头说，"这是说坏人常会以伪善的面孔出现，我们必须保持警惕，以免上当。"小达尔文不满地反驳说："老师，你的心偏向小鸟，当然会替小鸟说话。可我认为，小猫在挨饿，它也有生存的权利，它得吃东西。"老师听完达尔文的话，无言以对。

第十七章　伟大的《人类的起源》

我相信我没偷过半小时的懒。

——达尔文

（一）

《物种起源》发表后，倾泻在达尔文身上的污蔑和嘲讽毁坏了他的健康，情况之严重，让他的朋友们都担心他再也不能继续工作了。在朋友们的帮助下，达尔文在肯特郡奥宾顿的达温村找了一栋房子。那里虽然没怎么进行修整和收拾，但很清静，只能隐约地听到村里小教堂的声音。在这里，达尔文的身体渐渐复原了，又能够搜集甲虫和蝴蝶作为消遣，还能偶尔打打猎。

身体稍微好一点后，达尔文就又开始工作了。20多年以来，他对由昆虫作媒介的异花受精非常感兴趣。在研究异花受精时，兰花是他最着迷的植物。当手头有了他能够观察到的第一手资料和胡克提供的大量根据后，他开始写一本题为《昆虫使兰花受精的几种方法》的小册子。这本书大部分是在1860年返回唐恩庄园后完成的，1862年发表。

这本书一出版，就受到了热烈的欢迎。此后15年内，他又继续写了一些有关植物受精的小册子。

1875年9月，达尔文经过10多年的研究和大量的观察材料，又写出了《攀援植物的运动和习性》一书。该书出版不久，就销售了1500余册。

而1876年出版的《植物界异花受精和同花受精的作用》一书，则使达尔文从事的植物研究工作达到了顶峰。当时他并没有意识到自己的研究对整个园艺学所产生的影响，事实上，他为使用科学方法栽培更好的花、水果和蔬菜等开辟了新的道路。

1875年时，达尔文又发现了一种食虫植物，并对其进行研究实验，最终写成了《论食虫植物》一书。在这本书中，达尔文指出，某些植物经过适当刺激后，会分泌含某种酸和某种酶的液状物，这种液体与动物的消化酶十分相似。这样，这些植物就会捕食各种含有与它们的分泌物相似的消化酶的小昆虫。

这本书一出版，就在全世界的植物学家中引起了巨大的轰动。就像达尔文本人所承认的那样，"这当然是一个重大的发现，无疑是我所做出的最为重大的发现之一"。

通常达尔文都会比较快地写完一些植物学的著作，他认为这些著作并没有花费他多大的力气，但对动物的研究就颇费些心血了。

1868年，达尔文出版了他的两卷巨著《动物和植物在家养下的变异》。这本书他在1860年时就开始撰写了，可因为经常生病和其他工作的耽误，书的进度很慢，经过8年时间才得以完成。

在这本书中，达尔文叙述了他对英国家养生物所做的全部观察和从各方面搜集来的大量事实，并用当时所有的知识详细地讨论了遗传和变异的原因和法则。可以说，这是一本系统发挥和论证他自己的学说的著作。

这部著作的出版，全面推进了进化学说的胜利，神创论者再也无力从理论上攻击进化论了。很快，它就被翻译成为多国文字，在世界各

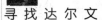
地发行。1875年，该书又出版了第二版，达尔文又花费了大量的时间对全书进行了许多修订。

在完成了《动物与植物在家养下的变异》这部巨著后，达尔文便开始着手准备写作有关人类起源问题的著作。

（二）

从自然界到人，是一个很自然的转换过程。事实上，达尔文的拥护者们早已开始研究和探讨关于人类的起源这个问题了。

赫胥黎是最先对"人类在自然界中的地位"这个问题进行研究的人，尤其是细致地研究了类人猿的大脑和人脑的结构。人们一般认为脑体结构正是人和所有其他哺乳动物在身体上最主要的差别，而赫胥黎通过研究分析证实，根本就不是这么回事。

华莱士在人类起源的问题上也有着独到的见解。1864年3月，华莱士在《人类学评论》上发表了一篇文章，其基本思想是：人类的祖先通过自然选择而获得的体质，在人脑充分发达后便不再改变，人类将来的整个进步是与已达到高水平的人类智能发展相联系的，人类的智能发展也导致了发明劳动工具、交通工具和火等。

现在，达尔文还开始着手准备人类起源的材料。不过，人类起源的问题是当时最敏感、最尖锐的问题，一旦达尔文以进化论的观点来提出人类起源问题，势必会遭到那些教会及其信徒们的激烈反对，而且也不容易被人们理解和接受。所以，达尔文是在人们已逐渐接受物种进化理论之后，才开始具体研究和讨论人类起源问题的。

开始时，达尔文打算将关于人类起源的问题写成一篇《关于人类的一章》的论文，可随着资料的不断丰富，研究的问题日渐增多，他发

现必须写一部大篇幅的著作才能把问题说清楚。

虽然此时的达尔文已年逾花甲，健康状况也不好，但他对科学研究的兴趣却有增无减。他在给胡克的信中写道：

> 我经常觉得，除了科学之外，我对每件事都好像一片枯萎了的叶子。有时候，这种感觉让我痛恨科学。不过，我还是感谢这么多年不断地对科学的兴趣，因为它可以让我每天有几个小时忘掉我那倒霉的胃痛。

达尔文经常胃痛，但只要他专心地投入到工作当中，就会忘掉病痛的折磨。

写这部著作花了达尔文整整3年的时间。1870年8月30日，经过他的努力，《人类的起源》这部著作终于完成了。

1871年2月，《人类的起源》出版，初印3500册，很快就销售一空。到年底，又加印了5000册。

在这部著作中，有四分之一的篇幅是阐述人类起源的，四分之三的篇幅则讨论了性选择问题。

在人类起源的部分，达尔文从生理结构、胚胎发育、痕迹器官等方面阐述了人与哺乳动物，尤其是高等猿类的联系，不仅从生理上对人类与动物进行了比较分析，还讨论了人类与动物在心理、智能上的联系。

在列举和分析了人类起源于动物的事实后，达尔文又进一步讨论了人类是如何起源于动物的问题。在这个问题上，他依然坚持自己的生存斗争与自然选择理论，认为人不只是自然选择的结果，还是自身活动或劳动的产物，是自身活动或劳动将其从猿类中选择出来。

在性选择的问题上，达尔文讨论的是物种的交配和繁殖问题。他认

为，性选择是人种形成的主要因素，但用性选择远不能解释各人种之间的全部差别。

为了说明性选择的作用，达尔文对动物的第二性征作了详尽的分析，说明第二性征的产生几乎全是因为性选择。他想让人们明白：在动物那里起主要作用的性选择，完全可能在人类的类似性征产生中也起到同样大的作用。

达尔文认为，男子魁梧、勇敢、好斗及精力充沛等特性与女性在这些方面的特性相比，男子在原始时代获得的，后来又有所增强，这主要是因为男子为了占有女性而展开竞争的结果。

同时他还认为，男子有更大的智力和创造力，这在一定程度上也是性选择所造成的。为此，他还列举了很多事实来说明这个问题。

性选择的作用在人类早期生活中表现尤其强烈，达尔文称，越是强壮、勇猛的男子，就可以选择吸引人的女子。因此，人类的起源也完全可以用性选择来解释。

达尔文的结论是：在所有对各人种之间以及在某些程度上对人和低等动物之间的外表差异起作用的因素当中，性选择是最为积极的因素。

（三）

《人类的起源》出版后，与达尔文的其他著作一样，同样引起了很大的反响。对于这本书的评价，也是各种意见均有，有赞扬的，有批评的，有惊讶的，甚至还有讥讽辱骂的，五花八门。因为这本书触及了人类在自然界位置这一极为根深蒂固的宗教观念，以及作者在一系列问题上所作出的过于假设性的"抽象"答案，令人们一时不知如何接受。

即便如此，达尔文并不在意这些言论的好坏，因为他的每一部著作都会引起这样的"轰动"。但是，在诸多评论当中，给达尔文这一新观念以重大打击的是著名动物学家迈弗特的《物种的发生》一书。

这本书对达尔文的自然选择论给予了严厉的、乍一看又令人信服的批评。迈弗特指责达尔文的自然选择论缺乏证据，矛盾百出，并列举了一大串他认为从自然选择的观点看来完全无法解释的例证。迈弗特认为，自然选择的理论并不能完全说明构造的有效特性的初始阶段。

迈弗特的观点标志着反对达尔文主义的新阶段：承认生物进化论，但又不同意进化的因素，即自然选择。这也说明，进化理论是不可阻挡的，但别有用心者仍然要负隅顽抗。迈弗特认为，进化的原因在于"某种内在的力量和倾向"，认为发展是突跃性的。

迈弗特的书一出版，很快就销售一空，对读者产生了巨大影响，并很快就出了第二版，书中的论据也开始在一些书刊杂志上反复出现。

达尔文对迈弗特所提出的问题没有正面回答，因为他已经看出作者写这本书的真实意图——让"创世说"复活，并使"科学迁就宗教"，这是他所不能容忍的。可达尔文却一时找不到能与他一起论战的战友。

就在这时，一位名叫琼斯·赖特的人发表了一篇文章来支持达尔文的观点。这个"大量阅读并思考过形而上学课题"的人，给达尔文寄来了他在《北美评论》上写的一篇关于《物种的发生》的书评。通过书评，他从哲学方面发表了他赞成自然选择的意见。

看完赖特的文章后，达尔文立即决定在英国以小册子的形式出版赖特的书评，而他自己则准备在即将出版的第六版《物种起源》中新加入一章。在这一章中，他打算剖析报刊上对自然选择论的各种各样的反对意见，尤其要详细谈谈迈弗特的反对意见。

为此，达尔文开始十分艰难地着手写作，因为长期受到病痛的折磨，他的精力已经极度衰竭了。

就在达尔文吃力地进行自己的计划时，1871年7月，《每季评论》上又出现了一篇对达尔文的著作进行的极其激烈的评论和指责，这篇文章让达尔文大伤脑筋。评论人指责达尔文忽略了哲学和宗教的基本原则。尽管评论人承认自己是拥护发展学的，但却又声言：人同大象与大猩猩的差别，比它们同地上的尘土的差别还要大。

受到这种"假道学的无礼攻击"，让达尔文感到非常苦恼和沮丧。这个阶段可以说是达尔文最困难的时候，当时达尔文对自己的现状是这样评价的：

"现在是那些钟摆式的人物摆向了反对我的一面的时候。"

在这最艰难的时刻，进化论的斗士赫胥黎再次站出来，在《现代评论》上发表了一篇文章，驳斥了对达尔文主义的种种攻击，维护了自然选择和进化论。

看到赫胥黎的文章后，达尔文大受鼓舞。与此同时，达尔文在《物种起源》中也详细地解答了一些关于自然选择的问题。

赫胥黎和赖特既从哲学方面，有从神学方面对迈弗特的观点形成了打击，让迈弗特感到很难受。赫胥黎在文章中写道：

"钟摆式的人物现在摆到反对我们的方向去了，但我坚信，他还会摆到另一边来的。"

的确，达尔文是有先见之明的。他曾预言说，斗争将长期进行下去，即使是在他们死去和消失之后。

大学毕业后，达尔文跟随"贝格尔"号进行环球考察。一次，他走进南美洲一座深山，看见几只黄蜂围着一只蜘蛛，把它蜇得半死，然后把蜂卵产在蜘蛛的身体里。他连忙招呼助手说："你看，这蜘蛛很快就要成为小黄蜂的点心了！"助手看到黄蜂的这种养育幼虫的特殊方法，感到惊讶不已。

第十八章　最后的日子

我的生活过得像钟表的机器那样有规则，当我的生命告终时，我就会停在一处不动了。

——达尔文

（一）

早在19世纪30年代末40年代初时，达尔文就对自己新诞生的小生命的表情进行了观察和研究，此后他便一直兴趣盎然地思考人类表情方面的问题。

1857年3月，达尔文在给华莱士的信中说：

> ……这是我近20年来酷爱的专题之一，在我计划写一篇关于人类的文章后，我最好是研究一下关于感觉表现方面的问题。因为人的面部肌肉的表情动作和感觉的表现方面是从动物也具有的那种感觉表现中发展来的，而机体的发展原则适用于这一特殊的场合。

1871年1月17日，达尔文在看完《人类的起源》最后的校样后，便

开始动手写《人类和动物的表情》一书。但6月份因筹备《物种起源》的第六版，中间中断了一段时间的写作，后来他还是继续写了下去，并在11月份完成初稿。

为了写好这本书，达尔文如往常一样，同大量的人进行了联系，包括传教士、各个民族不同的人士、医生、动物学家、植物学家等，从他们那里获得了大量的资料，丰富了该书的素材。

1872年秋，《人类和动物的表情》一书出版，一下子就销售5000多册。

1873年到1875年，达尔文准备再版他过去的许多著作。1873年准备再版《人类的起源》，1875年准备再版《动物和植物在家养下的变异》。这是一件十分枯燥的工作，令他无法全力以赴地从事他所喜爱的植物学的研究，因为再版要求改正批评界或通信人所指出的缺点，要求把新的细小事实或想法加到正文中去，还要长时间地对文章的风格和刊误进行校对。

在达尔文一生的最后10年当中，他的健康状况要比以前有所好转，以往那种午前的疲倦或身体不适感已经逐渐消失。虽然体力在不断下降，但身体和精神状态却相当不错。在这期间，他主要从事植物方面的有关研究，并写了不少著作，如《攀援植物的运动和习性》《植物界异花受精和同花受精的作用》《论食虫植物》《同种植物的花的不同形态》等。

1877年2月12日，达尔文在自己68岁生日的这天，收到了从国外寄来的两份特殊的礼物：两本精美的画册。一本是德国的雷德先生寄来的，其中有154位科学家的照片和他们给达尔文的生日祝词；另一本是荷兰的班默兰教授寄给他的相册，里面贴着217位观察家和博物学家的照片。

看到这两份特别而充满温情的礼物，达尔文十分激动。他高兴地对埃玛说：

"这是给予我最高荣誉的礼物了，一定要好好保存起来。这是他们在用相片表示他们对我的支持。"

达尔文一生获得了无数的奖励与荣誉，各个学会的奖章、各种荣誉称号、各种学会的会员等等，但埃玛从未看过他像今天这样激动。达尔文将同行科学家的理解和尊重看得比那些奖章和荣誉更重要、更珍贵。

达尔文给对方回了信，表示非常喜欢他们的礼物，但他却谦虚地说，光荣是属于他们的。如果没有其他人的努力和帮助，就不会有他现在的进步。

达尔文说的并不是客套话，而是他真实的思想感受。他从来不将进化理论的建立看成是自己一个人的功劳。在他的著作当中，他引用了大量的材料，对这些材料，达尔文都一一指出它们的出处和作者。他很清楚，如果没有这些人为他提供的材料，没有借鉴，他是写不出那些著作的。

（二）

达尔文的最后一部著作是《通过蚯蚓作用的壤土的形成，兼述对蚯蚓习性的观察》，简称《植物壤土和蚯蚓》，并于1881年10月10日出版。达尔文没想到，读者对这本书会如此热情，第一天就销售了2000册，畅销程度甚至超过了当年的《物种起源》。

这本书的成功完全归功于达尔文的叙事方法。他论述的现象很普

遍，但观点十分新颖，引用材料丰富，内容容易理解，自然能够吸引读者。《圣詹姆斯报》评论指出：这本书同达尔文以往的著作都有一个共同点，就是让人们了解，非常微小的事物经过长期积累将会产生多么巨大的作用。

在写这本书期间，达尔文就感觉自己的身体状况日渐衰弱了。1881年7月，他在给华莱士的信中写道：

> ……我不能去散步，一切都让我感到疲惫不堪，即使观赏风景也是如此……我将如何利用这有生之年呢？我希望周围的人都能幸福，但生活对我已经变得异常艰难了。

11月7日，他又写了一篇名为《牛鸟属的寄生习性》的论文，交给《自然杂志》发表。当到了12月，他的沮丧情绪又加重了，几乎不能进行任何工作。

12月13日，在埃玛的陪同下，达尔文到伦敦去看医生，住在女儿亨利埃塔家中。这天，他感觉身体状况还可以，便去拜访了生物学家罗马尼斯，但罗马尼斯不在家，他便准备离开。谁知刚一站起来，他就感到一阵眩晕，仆人赶紧扶住他，请他再坐一会儿。他不愿意给仆人添麻烦，也不用仆人给他叫马车，自己摇摇晃晃地离开了罗马尼斯的家。

1882年的新年过后，达尔文的病情加重了，他时常感到胸部疼痛，脉搏也不正常，而且这种情形几乎每天下午都会发生。

即便是这样，达尔文依旧没有完全停止写作。2月6日，他为德国生物学家赫尔曼·勒所著的英译本《花的传粉》写了序言。3月6日，他还请儿子弗朗西斯在林耐学会代他宣读了《碳酸氨对叶绿素体的作用》。

3月8日这天，天气晴朗，达尔文感到自己的身体稍微好了一些，便拄着手杖，迈着蹒跚的步子走出家门，准备去散步。

刚走出不远，达尔文突然感到心头发慌，胸部剧烈地痛起来，额头上冒出豆大的汗珠，他的心脏病又犯了。他赶紧在一块石头上坐下来，按住胸口，闭上双眼，靠在石头旁的一棵大树上休息。

过了好半天，他才觉得好一点，然后拄着拐杖艰难地走回家。从这以后，他再也不敢走出家门了。

3月10日，埃玛从伦敦请来著名的恩德里·克拉克医生给达尔文看病。以前，只要克拉克医生诊疗后，达尔文的健康状况就会有所好转。这虽然说明克拉克医生医术高明，但更多的是由于克拉克医生高超的让人愉悦的手法。达尔文经常能从克拉克医生那友好的态度中获得愉悦。

虽然克拉克医生随叫随到，可他的病人太多了，何况伦敦距唐恩还有一段路程，所以达尔文坚持不让克拉克医生再给他来看病。他说：

"您那边有许多需要治疗的病人，太忙了，经常来我这里会让您疲惫不堪的。"

家人又为他请了别的医生，但并没有什么明显的效果，达尔文依旧感到眩晕和疲倦。偶尔有时感觉稍微好一点，他就坚持起来工作一会儿。这期间，他为《攀援植物的运动和习性》第二版写了《序言的附注》和《勘误》等。

达尔文的老朋友赫胥黎十分关心达尔文，经常写信给他，询问他的健康状况。3月27日，达尔文给赫胥黎回信表示自己的身体感觉好一些了，非常感谢他的关心。

4月初，达尔文的健康状况比较稳定，期间他为范·戴克的论文

《论叙利亚街犬的一个族通过性选择而发生的变异》写了前言。

（三）

1882年4月15日这天，达尔文在进晚餐时忽然感到一阵眩晕。他本能地站起来想走到沙发上去休息一下，可刚一站起来就昏倒在地。

埃玛和孩子们赶紧将达尔文扶到沙发上躺下来。只要身体感到不适，达尔文就喜欢躺在客厅的沙发里，眼睛望着摆放着古董和挂着图画的那个角落。

4月17日，达尔文的病情稍微有了一些好转。埃玛在日记中写道：

"天气晴好，他做了一些细微的工作，再次到户外，还在花园里散了一会儿步。"

4月18日的上午，达尔文撑着病体为《论蚯蚓》的重印和再版工作作了校改。下午，为他负责记录实验的弗朗西斯有事出去，达尔文正在进行的实验还没有记录数据，所以他就让埃玛扶着他到温室，像往常一样，仔细查看了叶面，然后让埃玛对植株作了测量，他则用颤动的手将一天的实验进展写在记录本上。最近这段时间，这项工作都是弗朗西斯帮他做的，但今天弗朗西斯没回来，他便自己做了。这是达尔文此生最后一次进实验室。

回到房中，达尔文便累得气喘吁吁，连晚餐都没吃就休息了。

晚上11点45分左右，达尔文感到严重的胸痛。不一会儿，他就痛得昏了过去。埃玛为了唤醒他，伏在他的床边不停地呼叫着：

"查理！查理！"

在埃玛和孩子们的呼喊声中，达尔文又苏醒过来。他大概已经预见自己即将离开了，便拉着埃玛的手说：

"只要有你在我身边，我一点都不怕死。我真的感谢你，一有病就要你受累……"

"亲爱的，别多说了，我都知道。你好好休息，你不会有事的。"埃玛哭着制止了达尔文的话。

达尔文还是接着说：

"我死后，你要告诉胡克，让他把植物名汇编好……咱们还要继续资助植物名汇的出版工作……"

说完这些，达尔文又昏迷过去。

1882年4月19日凌晨4时，达尔文——一位杰出的、伟大的科学家、博物学家的心脏停止了跳动，享年73岁。

一位科学界的巨星陨落了，全世界都为之悲恸！世界各地都纷纷向唐恩庄园发来唁电唁函，沉痛悼念这位19世纪最伟大的科学家达尔文，表达他们无限的惋惜之情。

埃玛很想将达尔文安葬在他居住了40年的唐村，可达尔文如今已不仅仅属于唐村和唐恩庄园的主人，他属于全英国，乃至全世界！

4月26日，在伦敦的威斯敏斯特大教堂中聚集了很多人，这群人中有代表英国维多利亚女王的枢密大臣约翰·斯宾塞，有法国、德国、意大利、俄国和西班牙等国的大使，还有各大学、各学会的代表以及各界知名人士。他们都来这里参加达尔文的葬礼。

威斯敏斯特大教堂可不是什么人都能进的。教堂是信徒们朝圣上帝的圣地，而达尔文的进化论学说大大动摇了神学的地位，想进教堂下葬更不容易。1882年4月21日，英国20多位国会议员联名给威斯敏斯特教堂主教乔治·布雷德利写了一封信，请求将达尔文的遗体安放在教堂的墓地中。这一要求也得到了英国各阶层和各种主张的多数人的支持。当时布雷德利主教正在国外，但收到信后，立即发回电报表示同意。

达尔文的亲属和亲戚都参加了葬礼，但埃玛却没有参加。她实在是太悲痛了，以至于根本无法出席这庄严、隆重的葬礼。

葬礼举行得十分隆重。在朗诵了如同给一位国王的葬礼增添光彩的悼辞后，达尔文被安葬在威斯敏斯特教堂中堂的东北角，距离牛顿的墓地只有几步远。这两位将上帝逐出自然界的人，这两位在科学家史上树立了丰碑的伟人，从此并肩长眠在威斯敏斯特大教堂。

这也恰恰印证了华莱士的那句话——

"达尔文不仅可以与牛顿并列媲美，他的工作将永远被看成是19世纪自然科学的最伟大成就之一。"

第十九章 对中国的影响

寿命的缩短与思想的虚耗成正比。

——达尔文

（一）

我国是世界上文明发展最早的国家之一，有着悠久的历史和丰富的科学遗产。在近5000年有文字可考的历史中，许多古籍都记载着我国劳动人民在长期的生产实践中积累起来的丰富农业和生物学知识，其中有大量的有关生物进化方面的材料。

例如：化石是了解关于生物进化的宝贵材料，为人类的进化论提供了重要依据。我国古代人民对化石早就有了认识，1700多年前的《神农本草经》里就有关于龙骨的记载；唐代的颜真卿、北宋的沈括等，也都已知道化石是古代生物的遗体，认识到化石与海陆变迁的关系。

沈括在太行山考察时，就曾看到过许多螺丝、蚌壳的化石，像一条带子一样横亘在石壁之上，于是推想这里从前一定是海滨，只是后来经过长期淤积而形成了陆地。这就是所谓"沧海桑田"的变化。

在延州（今陕北延安）时，沈括又从河岸崩坍处发现地下数米深的地方有几百根像一丛丛竹笋的石头根干相连。经过认真研究，沈括确定这是古代植物变成的化石。这类植物由于气候变迁等原因，在当时已经灭绝，因此他推断，这个地区远古的气候应该比当时温和、湿润。

又如：遗传性和变异性是生物进化的基本要素。我国古代早就认识到了生物的遗传现象，注意到不同生物具有不同的本性，要求的生活条件也不一样，生活条件发生变化，变异就会发生；并且还认识到，新品种就是由变异而来的。

北魏时期进步科学家贾思勰在他的农业科学名著《齐民要术》中就曾经提到：

"凡谷，成熟有早晚，苗秆有高下，收实有多少，性质有强弱，米味有美恶，粒实有息耗。"

这一记录也清楚地叙述了不同品种植物的成熟期、形态、品质和产量等各种不同的特性。

在明代李时珍所著的《本草纲目》中，不仅记载了很多变异的资料，而且在中药乌骨鸡一栏中，还特别提到了鸡舌黑时骨头也黑的现象，这就是达尔文在研究中所重视的相关变异。

更加可贵的是，我国人民不仅认识到环境条件改变会令物种发生变异，而且还以变异为材料，通过人工选择，培育了很多优良的品种。比如，我国栽培植物和饲养动物，包括花卉、金鱼和蚕等，品种之多，都是其他国家所不能比的。

就拿金鱼来说，现在我们经常能看到灰色、红色、黄色、黑色、花斑、狮头等各种各样的金鱼，它们五颜六色，形状离奇，令人百看不厌。其实，这些金鱼都是从北宋时期的一种金鲫鱼经长期培育和人工选择而来的。金鱼家养，也是在16世纪才传入日本和英国，以后逐渐传到世界各地。

达尔文就曾对中国的金鱼做过仔细研究，他说：

"金鱼，由于养在小鱼缸中，并且由于受到中国人细心照顾，已经产生了许多族。……金鱼被引到欧洲不过两三个世纪，但在中国，它们自古以来就在拘禁下被饲养了……因为中国人正好会隔离任何种类的偶然变种，并且从其中找到对象，让它们交配。所以可以预料，在新品种的形成方面曾进行过选择，而且事实也的确如此。在一种中国古代著作中曾经说到，朱红色鳞的鱼最初是在宋朝（始于960年）于拘禁情况中育成的，现在到处的家庭都养金鱼作为观赏之用。"

达尔文十分珍视我国古代劳动人民获得的知识，热情地歌颂了我国古代在生物方面所获得的卓越的、有价值的科学成就，并且大量引用到他的巨著《物种起源》和其他著作之中，作为他的学说的佐证。可见，我国古代农业和生物学的成就对达尔文学说的建立，的确产生过良好的作用。

（二）

遗憾的是，达尔文的学说在很长一段时间里都没能传入中国。因为我国古代封建统治阶级顽固派企图维护其反动统治，极力推行"民可使由之，不可使知之"的儒家政策。他们反对革新，反对学习西方进步的科学思想，同样也反对达尔文的进化论。

进化论是主张"变"的，宣传进化发展的宇宙观；而顽固派需要的是"天不变，道亦不变"，致使达尔文学说这门革命性的科学理论迟迟不能传入中国来。

直到1889年，在上海格致书院举行的一次春季考试中，一个名叫钟天纬的学生在答卷上写下这样一段话：

迨一千八百零九年，而达文生焉？一千八百五十九年，特著一书论万物分种类之根源，并论万物强存弱灭之理。其大旨谓，凡植物、动物之种类，时有变迁，非缔造至今一成不变。其动物之不合宜者，渐渐渐灭，其合宜者，得以永存，此谓天道自然之理。但其说与耶稣之旨相反，故各国儒士，均不服其言。初时辩驳蜂起，今佩服者渐多，而格致之学从此大为改变。此可谓千秋崛起之人也。

这里的"达文"，就是俗译的达尔文；"论万物分种类之根源"之书，就是达尔文的巨著《物种起源》。不论钟天纬当时是否已经读过此书，但他对于《物种起源》的评论却是十分到位的。阅卷老师李鸿章将这份答卷列为"超等"，并写眉批曰：

"达文明动植之学，有动植原一书，明自然之用，宏旨若中国老子。"

李鸿章在这里还给了《物种起源》另一个译名——《动植原》。

当时身为北洋大臣的李鸿章，对外国的科学技术和著述等有着浓厚的兴趣，可见他对新兴的科学"物种进化"理论也不陌生。

但真正让达尔文的学说在中国被人熟知，并引起轩然大波的，并非达尔文的《物种起源》，而是严复的《天演论》，时间是在1895年。

1894年，中日甲午战争爆发。第二年，中国战败的消息传到京津，出身海军的严复投书天津《直报》，连续发表《论世变之亟》《原强》《救亡决论》等文章。在《原强》中，严复开篇就写道：

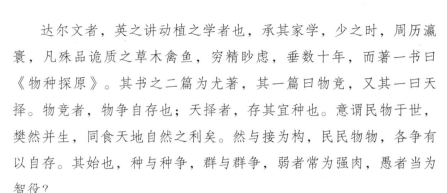
达尔文者，英之讲动植之学者也，承其家学，少之时，周历瀛寰，凡殊品诡质之草木禽鱼，穷精眇虑，垂数十年，而著一书曰《物种探原》。其书之二篇为尤著，其一篇曰物竞，又其一曰天择。物竞者，物争自存也；天择者，存其宜种也。意谓民物于世，樊然并生，同食天地自然之利矣。然与接为构，民民物物，各争有以自存。其始也，种与种争，群与群争，弱者常为强肉，愚者当为智役？

这篇文章里，出现了此后100年间中国人耳熟能详的词汇——"物竞天择"。

不久，严复又开始翻译达尔文的朋友赫胥黎的著作《天演论》。《天演论》的原本为英国生物学家赫胥黎于1893年发表的《进化论与伦理学》。但赫胥黎坚定地拥护生物达尔文主义，反对社会达尔文主义，因此这本书的后半部分所讲述的，就是人类社会不同于自然界、不适用进化竞争的规则。

为此，严复只翻译了《进化论与伦理学》的前半部分，而以宣扬"社会达尔文主义"的斯宾塞的理论代替了《进化论与伦理学》的后半部分。

在当时，严复用《天演论》中的"物竞天择，适者生存"的生物进化学说警醒国人，中国如不奋发图强，就有亡国灭种的危险，从而向全国人民敲响了救亡图存的警钟，在当时社会引起了很大的震动。

同时，严复还强调了"人胜天"的思想，发挥"保鲜进化，与天争胜"的观点，认为只要发挥人的主观能动性，就能战胜大自然。这一思想也大大打开了人们的眼界，拓宽了人们的思路，对近代史上资产

阶级启蒙思想的传播起到了重要影响。

所以，《天演论》一出版，立即受到进步人士的欢迎。青年时代的鲁迅先生就在这时接受了进化论。他曾回忆自己当年在南京水师学堂学习的情景时说：

"一有闲空，就照例地吃侉饼、花生米、辣椒，看《天演论》。"

由此可见，这部书在革命者当中的影响之深。

同时，鲁迅先生也积极而正确地宣传了达尔文的进化理论，给予达尔文学说以高度的评价：

"达尔文的《物种由来》，举世震动，盖生物学界之光明，扫群疑于一说之下者也。"

又说：

"达尔文学说，空前古者也。"

鲁迅先生一生还写了许多宣传达尔文学说的文章，如《中国地质略论》中，就是用进化论的观点，论证了地质和生物发展的状况，并且在论证生物发展史时紧密地联系外界环境，指出了生物由少数到多数、由简单到复杂的发展规律。

在《人之历史》等文章中，他还根据达尔文学说的观点，相信自然界是不断变化和发展的，指出人是从动物进化而来，驳斥了神创论的观点和把生物看作是永远不变的观点。

资产阶级革命派的领袖孙中山先生也很赞扬达尔文的学说，他说：

"达尔文之《物种由来》出现而后，始大发明者也，由是乃知世界万物皆由进化而成。……自达尔文之书出后，则进化之学一旦豁然开朗，大放光明，而世界之思想为之一变，从此各种学术皆依归于进化矣！"

在其著作和演说中，孙中山先生也经常以进化论的思想来激励中国人民求进步、谋发展，建立富强繁荣的祖国。

（三）

在反帝反封建的"五四运动"中，达尔文的进化论得到了进一步的传播。1920年，马君武翻译的《达尔文物种原始》一书由上海中华书局出版。当时，革命知识分子在积极宣传马克思主义的同时，也广泛地介绍了唯物主义进化观，进化论的观点也逐渐深入人心。

由于革命形势的转变以及进化论在世界各国逐步取得的胜利，迫使反对它的人也改变了策略。他们开始利用达尔文学说中的一些弱点与不足，进行歪曲利用。

"五四运动"之后，面对汹涌澎湃的社会主义思想潮流，反动派万分恐慌。一些反动分子甚至恶意歪曲利用达尔文学说中否定质变和抹煞人类社会与生命自然界的本质区别的错误，恶毒地攻击马克思列宁主义，攻击革命。

中华人民共和国成立前，由于代表封建主义、官僚资本主义和帝国主义利益的国民党反动政府设置的重重障碍，达尔文学说在中国并没有发展成为一门独立的科学。尤其是在帝国主义在中国举办的高等学校里，更是不准公开讲授达尔文学说，否则就要受到攻击和迫害。

因此，达尔文学说在传入中国20多年后，终于"也不过留下一个空泛的名词"，甚至"连名目也奄奄一息了"。

中华人民共和国成立后，在中国共产党的英明领导下，贯彻理论联系实际和"百家争鸣"的方针，达尔文学说的革命内容和精华得到了空前的普及和发展。在古生物和古人类学方面，我国发现了大量的动

植物化石和人类化石，积累了丰富的资料，为生物进化和人类起源问题提供了可靠的依据。

同时，我国还进一步研究清楚了水稻和土豆等农作物的起源和进化问题。尤其是在育种工作方面，由于使生物进化理论密切联系实际，正确利用遗传、变异和选择的作用，在发现和诱发遗传基础发展变异方面，广大农民和科技人员广泛运用了株选法、穗选法，采取了杂交育种、诱变育种、多倍体和单倍体育种、细胞杂交等各种有效方法，使动、植物朝着我们所需要的方向发生变异，为选育新品种提供了丰富的材料，并且培育成功了许多优良的品种，为农业生产作出了积极的贡献。

达尔文生平大事年表

1809年2月12日　查理·达尔文出生在英国塞文河畔的什鲁斯伯里镇。

1817年　母亲去世，成了一所私立小学的学生。

1818年　升入中学，成为一名寄宿生。

1825年　进入爱丁堡大学学习医学。

1826年　加入科学研究的学会，并开始发表论文。

1828年　进入剑桥大学学习神学。

1831年　毕业于剑桥大学，去北威尔士考察，同年12月27日随"贝格尔"号开始了长达5年的环球考察。

1832—1834年　"贝格尔"号沿着南美洲东海岸航行。途经的主要港口包括萨尔瓦多、里约热内卢、蒙得维的亚以及火地岛地区。1833年在阿根廷的蓬塔阿尔塔，达尔文发现了巨兽的化石。

1835年　前往加拉帕格斯群岛考察。

1836年　结束环球考察，返回英国。

1837年　在蓬塔阿尔塔和加拉帕格斯群岛的观察结果的激发下，开始研究物种进化。

1838年　阅读了马尔萨斯的《人口论》，发现进化和所有物种的生存斗争之间的联系。发表有关自然界生存斗争的文章。

1839年　同表姐埃玛结婚，同年出版《一个博物学家的考察日记》。同年，他的健康状况出现问题。

1841年 《珊瑚礁的构造和分布》出版。

1842年 购建唐恩庄园。开始起草物种理论。

1844年 列出长达20多页的《物种起源》的问题论著提纲。

1846年 开始为期8年的甲壳动物的研究。

1848年 父亲罗伯特·达尔文去世。

1851年 最疼爱的女儿安妮被猩红热夺去生命。同年，长达1083页的《蔓足亚纲》完成。

1856年 开始准备《物种起源》，用自然选择学说概述进化论。

1858年 收到华莱士的信，他的早期原稿和华莱士的论文同时在林耐学会报告会上宣读。正式开始写作《物种起源》。

1859年 《物种起源》在伦敦出版。

1860年 赫胥黎作为"达尔文的斗士"在牛津的辩论会上去败大主教威尔伯福斯。

1862年 出版了有关兰花授粉的著作。

1868年 出版了《动物和植物在家养下的变异》一书。

1871年 巨著《人类的起源》出版。

1872年 出版了《人类和动物的表情》一书。

1875年 经过10多年的研究和大量的观察材料，写出了《攀援植物的运动和习性》一书。同年还出版了《论食虫植物》一书。

1876年 出版了《植物界异花受精和同花受精的作用》一书，使达尔文从事的植物研究工作达到了顶峰。

1881年 出版了最后一部著作著作《植物壤土和蚯蚓》。

1882年4月19日 达尔文在唐恩庄园病逝，终年73岁。4月26日，作为国家荣誉的象征，达尔文被安葬在伦敦威斯敏斯特教堂的墓地里。